Irmtraud Tarr

Trostpflaster
für die Seele

FREIBURG · BASEL · WIEN

Originalausgabe

© Verlag Herder Freiburg im Breisgau 2007
Alle Rechte vorbehalten
www.herder.de

Umschlaggestaltung und Konzeption:
R·M·E München / Roland Eschlbeck, Liana Tuchel
Umschlagmotiv: Roland Eschlbeck, Liana Tuchel

Satz: Dtp-Satzservice Peter Huber, Freiburg
Herstellung: fgb · freiburger graphische betriebe 2007
www.fgb.de

Gedruckt auf umweltfreundlichem,
chlorfrei gebleichtem Papier
Printed in Germany

ISBN 978-3-451-07071-6

Inhalt

Vorwort 13

Trostpflaster für einen selbst 17

Für den Körper 21

    Harte Tage abstreifen 24

    Summen und Gähnen 24

    Seufzen 25

    Tarzanübung 25

    Reinigung 26

    Sich frei atmen 27

    Wie eine Katze 28

    Tief durchatmen 28

    Sich selbst aufrichten 29

    Die Zähne zeigen 29

    Kraft tanken 30

    Sorgen abschütteln 31

    Ein-Minuten-Urlaub 32

Einschlaf-Socken 32
Bei sich einkehren 33
Was Frauen wollen 34

Für den Geist 35

Erwartungen mäßigen 38
Gegenbilder entwerfen 38
Inventur machen 39
Am Ball bleiben 40
Probleme bewältigen 41
Rat von Mentoren 41
Nach innen lächeln 42
Zen-Lachmeditation 43
Selektive Verdrängung 44
Und dennoch! 45
Eine Portion Wurstigkeit 46
Einigermaßen hinkommen 47
Bilanz ziehen 47
Stimmungsheber 48
Neu beginnen 49
Ausgleich 49
Flexibel sein 50

Veränderung 51
Momente der Eingebung 52
Sich sammeln 53
Innere Bilder 54
Vom Glück, unglücklich zu sein 55
Loslassen ist erlernbar 56
Kopfstand-Ideen 58
Ressourcen würdigen 59

Für die Seele 61

Sich selbst trösten 64
Notfallkoffer 64
Tröstliche Bilder 65
Innere Helfer 66
Dank tanken 67
Die Morgen-Inventur 68
Die beste Medizin 69
Nur so aus Spaß 69
Lachende Gesichter 70
Vertrauen 71
Verabredung mit sich selbst 72
Träumen 72

Lachen macht fit 73
Geborgen bei einem Freund 73
Sich etwas gönnen 74
Mein inneres Zuhause 75
Zu Hause bleiben 76
Erleichterung 76
Abschalten 77
Die Fensterläden öffnen 78
Das Rettende 79
Kaffeehaustherapie 80
E-mail 81

Trostpflaster für andere 83

Gute Taten 87
Zuhören 87
Verwöhnt werden 88
Ein Risiko eingehen 89
Schmetterlingskuss 90
Küssen lässt vergessen 90
Hand in Hand 91
Liebesbriefe 91
Liebespfeile 92

Miteinander reden	93
Briefe schreiben	94
Umarmen	95
Winken	96
Freunde sind Anker	96
Selbstvergessenheit	97
Die Liebesdose	98
König oder Königin für einen Abend	98
Lob	99
Einander vorlesen	100
Nachsehen statt Nachtragen	101
Handreichungen von Seele zu Seele	101
Blödeln	103
Tanzen	104
Sich einfühlen	104
Rituale geben Sicherheit	106
Lächeln tröstet	106
„Bleib'!"	107
Offene Türen	108

Trostpflaster der Natur ... 109

- Wasser reinigt die Seele ... 113
- Spazieren gehen ... 113
- Sich erden ... 114
- Fest wie ein Baum ... 115
- Grünes Glück ... 116
- Senecas Rat ... 117
- Ans Wasser gehen ... 118
- Verschmelzen ... 118
- Lösungen säumen jeden Weg ... 119
- Sonnenuntergang ... 120
- Abendspaziergang ... 121
- Im Zweifelsfall – ein Bad ... 122
- Katzen ... 123
- Haustiere ... 124
- Gartenarbeit ... 125
- Unkraut jäten ... 126
- Barfuß gehen ... 126
- Farben trösten ... 128

Trostpflaster der Küche 129
    Genießen 133
    Am Küchentisch 133
    Winterblues 134
    Schwung am Nachmittag 135
    Trostbrot 135
    Fürsorge 136
    Gemeinsam am Tisch 136
    Wenn schon, dann richtig 137
    Stimmungsaufheller 138
    Salzsegen 138
    Aroma fürs Gemüt 139
    Saure Abreibung 140

Trostpflaster der Kunst 141
    Bach am Morgen 144
    Sich frei singen 144
    Die Zeit vergessen 145
    Rollenspiele 146
    Seelenbibliothek 147
    Lebensbücher 148
    Schreib-Ritual 149

Dankbarkeits-Tagebuch 150
Tagebuch der trostlosen Stunden 151
Lesen 152
Malen 153
Trostgedanken 154
Erinnerungsschachtel 154
Lieder trösten 155
Den stillen Ort in sich entdecken 156

Vorwort

WER VON UNS KENNT SIE NICHT, die Lebenssituationen, in denen wir Trost brauchen? Ein Kind fällt hin und braucht die zärtliche Hand der Eltern. In einer Beziehung gibt es Missverständnisse, Herzeleid oder Enttäuschung. Da braucht man Tröster, Seelenwärmer, Schmerzstiller. Im Beruf hat man Sorgen, man fühlt sich überfordert, gestresst oder gemobbt und sehnt sich nach einem guten Wort oder einer freundlichen Geste. Da gibt es die Durststrecken im Leben, auf denen die Hoffnung austrocknet, die Sackgassen, aus denen wir keinen Ausweg finden, die Berge, zu denen sich die Probleme auftürmen. Das Leben kennt viele Krisen. Es müssen nicht einmal die großen Krisen, wie Arbeitslosigkeit, Trennung oder gar der Verlust eines geliebten Menschen sein. Auch die kleinen Krisen wollen durchgestanden werden. Wer sie durchlebt hat, der weiß, wie wohltuend die Anteilnahme von Freunden oder Familienangehörigen in solchen Lagen sein kann.

Es gibt immer wieder Momente, in denen wir neben uns stehen, voller Unsicherheit, Stress, Angst oder Sorge. Es fehlt an Energie und Lebenslust. Man weiß nicht recht, wie man sich verhalten soll. Man fühlt sich niedergeschlagen und im Handeln blockiert. Manchmal sogar gelähmt, weil eine schwarze Wolke das Gemüt verdunkelt. Es kann passieren, dass ausgerechnet jetzt, wo es doch so wichtig wäre, niemand da ist, der die Situation erträglicher macht. Manche trösten sich mit einem Gebet, manche meditieren oder vertrauen sich ihrem Tagebuch an. Andere ziehen sich ins Bett zurück, suchen den Trost bei den Bäumen oder in der Musik.

Was tun Sie?

Dieses Buch will Ihnen ein paar neue Ideen schenken, die helfen, sich und andere zu trösten. Wenn Sie einige dieser Trostpflaster ausprobieren, wird nicht nur Ihr Kopf hellwach; auch Ihre Stimmung wird sich aufhellen. Vielleicht spüren Sie sogar wieder eine kleine Freude. Zumindest werden Sie Ihren dunklen Momenten nicht mehr hilflos ausgeliefert sein, weil Ihnen die Augen dafür geöffnet werden, dass Sie weit mehr Möglichkeiten besitzen, sich an den eigenen Haaren aus dem Sumpf zu ziehen, als Sie vielleicht bisher ahnten.

Trostquellen gibt es in Hülle und Fülle um uns herum, selbst in der eigenen Küche oder im Badezimmer. Manchmal sind wir einfach blind dafür, weil wir von Alltagskram besetzt sind, oder weil wir verlernt haben, gut und achtsam mit uns umzugehen. Um erfolgreich zu sein, muss man sich selbst nicht schlecht behandeln. Im Gegenteil, dieses Buch appelliert an eine neue Lust: Achte gut auf dich! Geh sorgsam mit dir um!

Glücksmomente sind kostenlos. Früher wie heute. Man muss kein Vermögen ausgeben, um sich gut zu fühlen. Ich werde Ihnen eine bunte Vielfalt von „Trostpflastern" vorstellen, die nicht nur neu sind, sondern auch ein paar in Vergessenheit geratene alte Traditionen wiederbeleben. Das Wissen um den Reichtum an Trostquellen verdanke ich nicht nur den Menschen in meinem Leben, sondern ebenso dem Lebenswissen früherer Generationen, die sich auf die Kunst verstanden, dem Leben auch in schlechten Zeiten Gutes abzugewinnen. Manche Trostpflaster habe ich selbst entdeckt, andere wurden mir angeboten oder geschenkt, oder ich fand sie in alten Schriften.

Ich beschreibe in diesem Buch 192 Trostpflaster – kleine Angebote, die große Auswirkungen haben auf das eigene Wohlbefinden und das Leben anderer. Die kleinen Dinge können wahre Fundgruben für große Kräfte sein, weil das Große im Kleinen enthalten ist. Nicht jeder Vorschlag wird jeden gleichermaßen ansprechen, weil Trost äußerst individuell erlebt wird. Was dem einen höchste Freude, kann für den anderen ein Albtraum sein. Aber ich bin überzeugt, dass Sie genügend Anregungen finden, die Ihrem Geschmack entsprechen. Sie können sofort anfangen, gut für sich zu sorgen.

Trostpflaster für einen selbst

WAS TRÖSTET WIRKLICH? Ist es die All-inclusive-Reise an einen fernen Strand, ein üppiges Bankkonto, ein schneller Wagen, Designer-Kleidung oder eine makellose Figur? Nichts von alledem. Ein paar Nullen mehr auf dem Konto mögen vielleicht beruhigend sein, aber sie haben noch niemanden wirklich getröstet.

Wenn es das nicht ist, was tröstet dann? Trost können wir aus vielen kleinen Dingen ziehen. Dem eigenen Atem lauschen, wieder einmal singen oder summen, sich ein Nickerchen gönnen, die Dinge einmal aus der historischen Perspektive betrachten. Trost ist nicht etwas Abstraktes, sondern etwas Konkretes, das wir uns selbst schenken, vor allem wenn sonst niemand da ist, der es uns schenkt.

Wir alle kommen in die Situation, in der wir trostbedürftig werden. Das beginnt schon im Kleinen. Die Füße sind kalt, irgendeine verzwickte Aufgabe macht uns das Leben schwer, der Computer ist abgestürzt oder wir verzweifeln vor lauter Arbeit und uns ist zum Heulen zumute. Wenn nun niemand da ist, der uns zuhört oder in die Arme nimmt, sind wir darauf angewiesen, auf eigene Trostquellen zurückzugreifen. Deswegen biete ich eine Reihe von Trostpflastern an, mit denen wir uns selber helfen können. Ein Trostpflaster heilt zwar nicht die Wunde, aber es deckt sie zu, schützt sie und verschafft eine gewisse Linderung und Entlastung. Das ist immerhin einiges!

Verfügt man selbst über ein paar Trostmittel, so ist man besser gewappnet für schwierige Zeiten. Man ist nicht so abhängig von der Zuwendung anderer, weil man für sich selbst liebevoll sorgen kann. Und man lernt dabei, was es heißt, sich selbst zum Freund und Gefährten zu werden.

Trost, den man sich selber schenkt, hat etwas mit Großzügigkeit, Fürsorge und Selbstliebe zu tun. Um in eine liebevolle Haltung gegenüber sich selbst hineinzuwachsen, benötigt man Zeit, Sorgfalt und Geduld. Wenn man gewohnt ist, sich vor allem durch sein Tun und Leisten zu definieren, so braucht es eine gewisse Umstellung, bis man begreift, wie wohltuend es sein kann, sorgfältig und einfühlsam mit sich selbst umzugehen. Deswegen sollte man in kleinen Schritten vorgehen – sich selbst ein Lächeln gönnen, oder einmal innehalten, wo man sich sonst übergangen hat. Es sind diese kleinen tröstlichen Aufmerksamkeiten, die wir uns selbst schenken, die einen Unterschied in der Lebensqualität machen.

Trost rundet die manchmal harten Kanten der Realität etwas ab, er richtet uns auf und zeigt uns wenigstens einen Moment lang eine bessere, weniger schmerzliche Wirklichkeit. Um uns wirkungsvoll zu trösten, benötigen wir vor allem ein gewisses Einfühlungsvermögen für uns selbst. Hilfreiche Fragen sind: Was brauche ich wirklich? Was fehlt mir? Was könnte mich stärken?

Je mehr man sich darin übt, auf sich selbst zu hören und zu spüren, was neue Kraft bringt, umso besser kann man auch verstehen, wie anderen zumute ist und was sie aufrichten könnte. Doch man sollte bei sich selbst anfangen. Nichts überzeugt so sehr wie der eigene liebevolle Umgang mit sich selbst. Die Fähigkeit sich selbst zu trösten, ist überhaupt die Voraussetzung dafür, anderen die Hand zu reichen.

Für den Körper

NACH EINER ENTTÄUSCHUNG oder Niederlage ist das Wieder-Aufstehen besonders wichtig. Wir alle fallen immer wieder auf die Nase – in unseren Beziehungen, in der Liebe, im Beruf. Das ist nicht tragisch, wenn man gelernt hat, sich wieder aufzurichten und weiterzugehen.

Bei den Peanuts gibt es eine aufschlussreiche kleine Geschichte, die zeigt, dass die körperliche Haltung bestimmt, wie wir denken und fühlen. Charlie Brown sagt: „Wenn du dich wirklich schlecht fühlst, dann darfst du dich auf keinen Fall aufrecht hinstellen, sondern du musst dich so gebeugt hinstellen, damit es dir weiterhin schlecht geht." Unsere körperliche Haltung wirkt ins Seelische, genau so wie unsere seelischen Haltungen in den Körper hineinwirken. Das zu verstehen und zu praktizieren, darum geht es bei diesen Trostpflastern, die wir unserem Körper verpassen.

Wenn jemand beispielsweise den Wunsch hat, nach einer Niederlage wieder zu Kräften zu kommen, dann ist es eben nicht damit getan, dass man positiv denkt und sich vornimmt: „Ich möchte wieder stark werden." Oder dass man sich dies immer wieder vorsagt. Vielmehr geht es darum, dass man auch seinen Körper und die Atmung in die entsprechende Haltung bringt. Das ist eine Frage der Übung.

Wenn es uns körperlich gut geht, wenn wir ausgeschlafen, entspannt und ausreichend genährt sind, dann fördert das eine positive Einstellung und eine zuversichtliche Verfassung. Den Weg über den Körper stelle ich an die erste Stelle, weil er schlechthin die Grundlage für einen tröstlichen Umgang mit sich selbst ist. Bewegungsübungen oder Entspannungsübungen sorgen nicht nur für körperliches Wohlbefinden, sie verändern auch unsere innere Einstellung und unsere Gedanken. Die folgenden Vorschläge greifen diese Zusammenhänge zwischen körperlichen und seelischen Vorgängen auf. Mit einfachen Übungen lernt man, wie man an seine Gefühle herankommt, sie regulieren und aufhellen kann. Man erfährt, wie man seinen Körper besser wahrnimmt und wie man neue emotionale Erfahrungen macht, die tröstlich sind: zum Beispiel durch Wahrnehmungskonzentration oder durch Aktivierung bestimmter Körperpartien und Atemmuster. Man erhält wieder Zugang zu Körperpartien, die verschlossen oder eingekapselt waren, und man entwickelt Kontakt zu eigenen, bisher ungenutzten Körperpotentialen. Je nach Übung öffnen sich verschiedene Körperspeicher, die wir vielleicht schon einmal als Kind als angenehm erlebten und nun wieder bewusst einzusetzen lernen. Alles, was uns die Möglichkeit gibt, an positive oder auch frühe Erfahrungen anzuknüpfen, ist ressourcenstärkend und hilft, wieder Ruhe und Festigkeit in unsere Gedanken zu bringen. Nicht im Sinne von Gymnastik, sondern als Mittel, mit sich selbst in Kontakt zu kommen, um wieder zu spüren, wer und wie man ist und was einem gut tut.

Harte Tage abstreifen

Einem Koreaner verdanke ich diese Übung, die derart beruhigt und entspannt, dass sie sich auch in harten Zeiten mit überraschendem Erfolg anwenden lässt. Ziehen Sie Ihre Schuhe aus und setzen Sie sich auf eine Tischkante. Reiben Sie mit der rechten Ferse die Außenseite des linken Schienbeins mehrmals kräftig von unten nach oben. Dann umgekehrt: linke Ferse gegen rechtes Schienbein. Dabei wird auch die Funktion von Magen und Darm angeregt. Vertieft wird diese entspannende Übung durch eine bewusste, ruhige Ausatmung.

Summen und Gähnen

Genieren Sie sich nicht, bei der Arbeit leise zu summen. Am besten wählen Sie weiche, stimmhafte Konsonanten, wie „m" oder „n". Das erzeugt nicht nur Resonanz und Entspannung im Kopfbereich. Der Ton vibriert durch den ganzen Körper und hilft, Spannungen zu lösen. Auch gelegentliches Gähnen vertreibt negative Gefühle.

Seufzen

Gestatten Sie sich, einmal ganz bewusst absichtlich zu seufzen, so tief und ausgiebig wie möglich. Lassen Sie mit Ihrem Seufzer all das aus sich heraus, was Sie belastet, bedrückt oder ängstigt. Verschaffen Sie sich Erleichterung. Tiefes Seufzen entspannt, lockert und beruhigt.

Tarzanübung

Eine äußerst wirkungsvolle Übung, um neue Energie zu bekommen, ist die sogenannte „Tarzanübung". Machen Sie es wie Tarzan! Klopfen Sie mit beiden Fäusten mit mittlerer Intensität auf den Bereich unterhalb des Brustbeins und vor der Luftröhre und lassen Sie dazu die Vokale „i" „e" „a" „o" „u" in einem Atemzug erklingen. Dadurch wird die Thymusdrüse aktiviert und gleichzeitig das körperliche und seelische Immunsystem gestärkt.

Reinigung

Die regelmäßige Reinigung des Körpers trägt viel zu einem ausgeglichenen Gemüt bei. Man kann bei dieser Übung an einen Schwamm denken, aus dem trübes Wasser herausgepresst wird. Morgens vor dem Aufstehen zieht man zunächst mehrmals die Bauchmuskeln mit aller Kraft ein. Danach bewegt man sich vor dem offenen Fenster: Hüpfen, auf der Stelle laufen, Kniebeugen, um den Kreislauf in Schwung zu bringen. Schließlich lässt man sich in die Hocke niederfallen, presst die Knie gegen die Brust und stößt mit aller Kraft die Luft bis zum letzten Rest aus den Lungen. Das macht man etwa drei Mal. Vielleicht sieht man bei den ersten Versuchen ein paar Sterne vor den Augen, aber nach wenigen Tagen macht sich eine überraschende Stärkung bemerkbar.

Sich frei atmen

Das einfachste und wirksamste Mittel, sich wieder in die Balance zu bringen, ist die Atmung. Setzen Sie sich aufrecht und entspannt auf einen Stuhl. Legen Sie die Hände auf den Bauch und spüren Sie die Atembewegung. Lassen Sie den Atem frei fließen. Schnuppern Sie nun wie ein Hund mehrmals durch die Nase ein und atmen Sie dann ruhig wieder aus. Entspannen Sie sich beim Ausatmen und lassen Sie sich innerlich wie äußerlich los. Nehmen Sie die Bewegung des Zwerchfells in der Leibesmitte wahr. Schnuppern Sie einige Male kurz ein und aus. Spüren Sie dabei immer Ihr Zwerchfell. Legen Sie die Hände wieder auf den Bauch und lassen Sie Ihrer Atmung immer mehr Freiheit. Zum Abschluss dehnen Sie sich und gähnen Sie. Bestimmt fühlen Sie sich jetzt erfrischt und völlig entspannt.

Wie eine Katze

Wer den Tag gut beginnt, macht sich ein Geschenk, das sich auf den ganzen Tag auswirkt. Begeben Sie sich nach dem Aufwachen auf alle Viere und strecken Sie sich ein paar Minuten lang genüsslich wie eine Katze. Das mobilisiert den Rücken, den Nacken und die Schultern und entlastet das Becken sowie die untere Rückenpartie. Wo Sie das tun? Natürlich im Bett.

Tief durchatmen

Wenn Sie nur noch gehetzt und atemlos sind, nehmen Sie sich den Rat des Zen-Meisters Thich Nhat Hanh zu Herzen. Er empfiehlt, jedes Mal, wenn das Telefon läutet, drei tiefe Atemzüge zu nehmen, bevor man das Gespräch annimmt. Für ihn ist das ein Weg, achtsam und gegenwärtig zu werden. Aber es ist auch eine schöne Art, seinen Körper wieder zu spüren und Spannungen abzubauen. Denken Sie daran: Je öfter das Telefon klingelt, desto entspannter werden Sie!

Sich selbst aufrichten

Wenn Sie entmutigt sind und den Kopf hängen lassen, stellen Sie sich eine Marionette vor und richten Sie sich mit diesem Bild vor Augen wieder auf. Nehmen Sie eine Hand über den Kopf und ziehen Sie sich an einem imaginären Faden nach oben. Automatisch richtet sich Ihre Wirbelsäule auf, Ihre Haltung wird aufrechter und selbstbewusster. Sie wirken mit einem Schlag größer, stärker und vitaler. Mit der äußeren Haltung verändert sich Ihre innere Haltung. Sie fühlen sich aufrichtiger. Das wirkt sich auch auf die anderen Menschen in Ihrer Umgebung aus. Sie erhalten mehr Respekt. Außerdem beugen Sie so effektiv Rückenproblemen vor.

Die Zähne zeigen

Mit dieser einfachen Methode können Sie jedem Stimmungstief die Zähne zeigen. Stecken Sie einen Bleistift zwischen die obere und die untere Zahnreihe und beißen Sie ganz leicht zu.

Dadurch wandern ihre Mundwinkel automatisch nach oben und der Rest der Gesichtsmuskeln entspannt und verwandelt sich wie bei einem Lächeln. Auch wenn es ein „gemachtes" Lächeln ist, die Botschaft dieser Mimik, die 43 Muskeln aktiviert, landet im Gehirn. Dort wird die Erinnerung abgerufen: „Ich lächle, also fühle ich mich wohl."

Kraft tanken

Es gibt eine einfache, kostenlose Art Kraft zu tanken, die Ihnen manchen Arztbesuch erspart. Jeder kann sie erlernen und Sie werden erstaunt sein, wie Ihre Vitalität sich mit dieser Übung Tag für Tag steigert. Man stellt sich dafür nach dem Aufwachen ans offene Fenster und atmet ein paar Mal tief und kräftig durch. Nach einer Weile beginnt man, mit den Händen Luft zu schaufeln, das heißt man reckt die Hände erst so hoch wie möglich und führt sie dann – unter gleichzeitigem Vorbeugen des Körpers – mit weit ausladendem Schwung nach vorne und unten. Nun dreht man die Hände wieder so, dass die Handflächen nach vorn zeigen und lässt den zweiten Teil der Armkreisbewegung folgen: nach hinten hinauf. Dieser Bewegungsablauf wird mehrmals wiederholt. Bei jeder Kreisbewegung stellt man sich vor, dass man sich mit Lebenskraft auflädt. Schon nach wenigen Tagen werden Sie eine merkliche Kräftigung wahrnehmen und tagsüber viel lebendiger sein.

Sorgen abschütteln

Von Sorgen, Belastungen und negativen Gedanken kann man sich befreien. Schütteln Sie sie ab. Das geht ganz einfach: Stehen Sie aufrecht mit leicht gespreizten Beinen. Beginnen Sie, den ganzen Körper, besonders Arme und Beine, zu schütteln und sich so körperlich von allen Belastungen zu befreien. Unterstützen Sie sich dabei mit kräftiger, hörbarer Ausatmung. Anschließend werden Sie sich entspannter und leichter fühlen.

Ein-Minuten-Urlaub

Wenn der Alltag grau und die Stimmung trübe ist, machen Sie einen „Ein-Minuten-Urlaub". Legen Sie alles weg. Atmen Sie tief durch, entspannen Sie Ihre Schultern und konzentrieren Sie sich nur auf sich selbst. Wie geht es Ihnen? Wie fühlen Sie sich gerade? Hungrig? Müde? Traurig? Leer? Lassen Sie sich ganz auf diesen Moment ein und vergessen Sie für eine Minute, was Sie belastet. Wenn Sie sich immer wieder solche Mini-Urlaube gönnen, kann die Anspannung nicht so weit anwachsen, dass Sie am Ende des Tages gar nicht mehr zur Ruhe kommen.

Einschlaf-Socken

Wenn Sie nicht einschlafen können, weil Sie Sorgen und kalte Füße haben, so gibt es Abhilfe. Das alte Hausmittel „nasse Socken" ist einen Versuch wert. Wärmen Sie Ihre Füße in einem warmen Fußbad. Dann tauchen Sie ein paar Socken in kaltes Wasser, wringen sie aus, ziehen sie an und darüber ein Paar wärmende Wollsocken. Anfänglich wirken die nassen Socken gefäßverengend, aber nach etwa zwanzig Minuten gefäßerweiternd. Warme Füße sorgen nicht nur für Entspannung, sie helfen auch, einzuschlafen.

Bei sich einkehren

Mit geschlossenen Augen beginnen Sie still zu werden, bewusst zu werden und aufmerksam Ihrem Atem zu lauschen. Langsam beginnen Sie, den Atem zu erspüren, durch den Körper fließen zu lassen und in die einzelnen Körperpartien zu schicken. Dann lassen Sie Ihren Atem von einem beliebigen Ton begleiten. Plötzlich können Geräusche aus dem Bauch auftauchen – ein Wohlbehagen, Stimmigkeit, die Ihren ganzen Körper umfasst.

Sie bekommen das Gefühl, bei sich „einzukehren", bei Ihren Empfindungen, bei Ihrem „zweiten Gehirn im Bauch". Menschen, die es bisher gewohnt waren, ihr Leben mit dem Kopf zu meistern, können dabei entdecken, wie angenehm es ist, einmal die Augen und den Verstand auszulassen.

Was Frauen wollen

Trotz seiner langjährigen Praxis gelang es Sigmund Freud nicht, die Frage, was Frauen wollen, zu beantworten. „Eine Siesta, Dr. Freud." Wäre das nicht eine passende Antwort? Ein kurzer Schlaf ist ein sinnlicher Tröster, der über einiges hinweghelfen kann. Einfach Türe zu, Vorhänge zu, ab auf die Couch. Oder in die Hängematte. Unter den Sonnenschirm. Oder ins Bett. Kein Tag ist so schlecht, dass er nicht durch eine Ruhepause kuriert werden könnte. Und kein Tag ist so gut, dass eine Siesta ihn nicht noch verbessern würde.

Für den Geist

Vielleicht kennen Sie die Situation: Ihr Beruf und all der überflüssige Alltagskrempel lassen Ihnen keine Zeit. Sie sind untröstlich, weil Sie nicht das tun können, was Ihnen am Herzen liegt. Wie kann man sich da retten? Der Alltagsstress, der uns allen so zu schaffen macht, ist im Nu vergessen, wenn wir uns auf etwas anderes konzentrieren. Man muss nur einen Stift oder einen Pinsel in die Hand nehmen und einfach anfangen.

Neuropsychologische Forschungen haben ergeben, dass wir innerlich auftanken, wenn wir unseren Geist konzentriert beschäftigen. Durch konzentriertes Tun werden unsere geistigen Kräfte gesammelt und gebündelt. Denken Sie an Kinder, die im Spiel völlig versunken sind und die Welt um sich herum vergessen. Wenn wir uns einer Sache völlig hingeben, hat unser Gehirn für Sorgen und Grübeleien keine Kapazität mehr. Diese Erkenntnis können wir uns zunutze machen. Wenn wir unsere ganze Aufmerksamkeit auf einen Gedanken oder eine Sache lenken, dann bündeln sich unsere mentalen Kräfte. Ähnlich wie bei einer Lupe, durch die Sonnenstrahlen gebündelt werden und sogar ein Papier zum Brennen bringen können.

Den Zustand geistiger Konzentration können wir bei jeder Tätigkeit erreichen. Je mehr wir bei einer Sache sind – ob das nun ein positiver Gedanke, das Schreiben, Lesen oder Kochen ist – desto mehr tritt unser Ich in den Hintergrund. Wir geraten in einen Zustand seliger Selbstvergessenheit. Wir werden eins, mit unserer Tätigkeit und mit uns selbst. Dabei werden Endorphine ausgeschüttet, jene Hormone, die freudige Gefühle auslösen. Unter der Herrschaft dieser Hormone haben die Kümmernisse und Traurigkeiten, die uns belasten, kein leichtes Spiel. Sie treten zurück. Deswegen können wir seelisch auftanken. Die Zeit scheint still zu stehen und wir sind ganz im Hier und Jetzt.

Es ist nicht entscheidend, was der Inhalt unserer geistigen Tätigkeiten ist, viel wichtiger ist das Wie. Wie wir uns konzentrieren, wie wir eine Übung angehen und wie hingebungsvoll wir uns dem widmen, was wir gerade tun. Es mag sein, dass wir uns am Anfang zur Konzentration überwinden und uns immer wieder bewusst zu dem, was wir gerade tun, zurückholen müssen. Doch wenn wir einmal diesen schönen Zustand der Sammlung erreichen, ist es meist leicht, bei der Sache zu bleiben. Machen Sie es den Kindern nach. Sie beherrschen die Kunst der Hingabe ohne jede Anstrengung.

Was können Sie nun praktisch tun, um in diesen Zustand zu gelangen? Hier einige Vorschläge, die Sie innerlich auftanken lassen.

Erwartungen mäßigen

Ob wir unser Leben als erfüllt empfinden, hängt von unserer Erwartungshaltung ab. Wir könnten zufriedener sein, wenn wir manchmal mit unseren Vorstellungen und Erwartungen etwas kürzer treten würden. Solch eine „geistige Diät" macht uns gesünder und munterer. Probieren Sie einmal Folgendes: Mäßigen Sie ihre Erwartungen und passen Sie sie an das an, was möglich ist. Versuchen Sie, die Unerfüllbarkeit mancher Wünsche zu akzeptieren. Relativieren Sie die übermäßigen Ansprüche und nehmen Sie an, was sich nicht ändern lässt.

Gegenbilder entwerfen

Wenn Sie wieder einmal das Gefühl haben: „Das drückt mich nieder", „Das liegt wie eine Tonnenlast auf mir", „Das erdrückt mich", dann suchen Sie dazu ein Gegenbild, beispielsweise das Bild eines fröhlich wippenden oder singenden Kindes. Dann pendeln Sie in Gedanken zwischen den beiden Gegenbildern hin und her: Last – Kind.

Mit dem Bild der Leichtigkeit des Kindes kommen Ihnen vielleicht weitere, heiter stimmende Bilder in den Sinn. Mit der Zeit entwickeln Sie vielleicht eine Reihe tröstlicher Bilder, die Ihnen Entlastung schenken.

Inventur machen

Schreiben Sie einmal all Ihre Kompetenzen und Fähigkeiten auf. Notieren Sie auch Dinge, die Sie für selbstverständlich halten, zum Beispiel lesen, rechnen, Rad fahren, schwimmen. All diese Fertigkeiten sind nämlich keineswegs selbstverständlich. Es gibt viele, die nicht schwimmen können. Es gibt allein in Deutschland über zwei Millionen Analphabeten.

Nun markieren Sie alles, was Ihnen mühelos gelingt. Wenn Sie damit fertig sind, schauen Sie Ihren derzeitig bestehenden Kummer an und fragen Sie sich, ob eine oder mehrere der genannten Fähigkeiten Ihnen hilfreich sein könnten.

Am Ball bleiben

Ein guter Freund schrieb mir zum Jahresbeginn: "Never stop to begin, never begin to stop!" Wenn wir am Ball bleiben, steigt unsere Lebenserwartung, theoretisch zumindest, weil Mutter Natur uns dafür mit Endorphinen belohnt – den Glück spendenden "Bonbons für die Seele". Deswegen sollte man sich nie vollends zur Ruhe setzen, immer etwas Sinnvolles tun und sich nicht unterkriegen lassen. Also gar nicht erst anfangen, Kreuzworträtsel zu lösen, stundenlang fernzusehen oder auf Parkbänken rumzuhocken. Sich immer neue Aufgaben suchen, das ist eigentlich das ganze Geheimnis.

Probleme bewältigen

Sie wollen ein bestimmtes Problem bewältigen. Ein erfolgreicher Motivationstrick: Schreiben Sie Ihr wichtigstes Ziel auf einen blauen Zettel und befestigen Sie ihn am Kühlschrank. Dann kleben Sie einen blauen Punkt auf Ihre Uhr und auf Ihren Computer – als tägliche visuelle Erinnerungshilfe.

Rat von Mentoren

Wenn Sie niemanden haben, um sich Rat zu holen, wählen Sie sich reale oder fiktive Persönlichkeiten aus, die Sie schätzen und bewundern, auf deren Urteil Sie etwas geben. Es sollten Menschen sein, die auch Sie persönlich unterstützen und die das Besondere an Ihnen schätzen. Wen würden Sie auswählen? Was würde diese Person Ihnen empfehlen? Wie wäre die Essenz ihrer Aussage auf Ihre Situation übertragbar?

Nach innen lächeln

Lächeln kann sowohl Ihre Selbstachtung als auch das Gefühl stärken, einer Herausforderung begegnen zu können. Wenn Sie das nächste Mal in einer endlosen, langweiligen Diskussion oder Besprechung sitzen, probieren Sie es einmal mit der Technik des nach innen gerichteten Lächelns. Versuchen Sie, etwas Lächerliches oder Albernes an der Situation zu entdecken, in der Sie sich befinden. Stellen Sie sich beispielsweise vor, Sie würden die Situation mit den Augen eines Außerirdischen, eines Wesens von einem anderen Planeten betrachten. So können Sie innerlich die Absurdität der Situation genießen.

Wenn Sie es schaffen, sich auf diese Weise von einer Situation abzugrenzen und in Gedanken darüber zu stehen, verfliegen Ihre Ohnmacht, das Gefühl, ein Opfer zu sein, und wahrscheinlich auch Ihr Ärger. Sie bedienen sich dabei nicht nur Ihrer inneren Freiheit und Macht, Sie stärken sie auch.

Zen-Lachmeditation

Machen Sie es sich bequem und schließen Sie die Augen. Achten Sie einen Augenblick auf Ihren Atem, entspannen Sie sich beim Ausatmen. Stellen Sie sich jetzt vor, an einem schönen, friedlichen Ort draußen in der Natur zu sein. Es ist kurz vor Sonnenaufgang. Beobachten Sie, wie es vor Ihrem inneren Auge langsam hell wird. Achten Sie auf das friedliche Gefühl in sich und gestatten Sie sich, die stille Freude zu erleben, wenn das Licht sich über die Landschaft ergießt, in der Sie sich befinden. Genießen Sie das Wachsen Ihres inneren Lächelns, während Sie den Sonnenaufgang beobachten. Spüren Sie die Helligkeit und die Wärme der Sonnenstrahlen, während Sie sich treiben lassen und genießen Sie es einfach, zu sein. Wenn Sie sich dazu bereit fühlen, strecken Sie sich und öffnen Sie die Augen, während Sie frisch und energiegeladen ins Hier und Jetzt zurückkehren.

Selektive Verdrängung

Eines der Geheimnisse des Glücks ist ein selektiv schlechtes Gedächtnis. Auch wenn die Verdrängung einen schlechten Ruf hat, ist sie zuweilen hilfreich. Die Kunst, manche Dinge gezielt zu vergessen, kann zwar eine lückenlose, objektive Betrachtungsweise verhindern, aber mit der Verdrängung ist es wie mit dem Rotwein – in Maßen ist sie bekömmlich und gesund. Man sollte nicht mehr verdrängen als nötig, aber man muss auch nicht immer alles aufarbeiten. Manche Sachen überlässt man am besten dem Schicksal, erfahrungsgemäß erledigen sie sich von allein.

Und dennoch!

„Wenn dir das Leben eine Zitrone schenkt, mach' Limonade daraus". So lautet ein altes Sprichwort. Das erscheint leichter gesagt als getan. Verfolgt man aber Studien über die erstaunliche Widerstandskraft von Menschen, die beispielsweise schon mehrmals ihre Arbeit verloren und dennoch nicht entmutigt und niedergeschlagen aufgegeben haben, so scheint es tatsächlich Personen zu geben, die aus jeder Not eine Tugend machen können. Was ist ihr Geheimnis? Es ist die Art und Weise, wie sie über das Scheitern denken. Sie geben nicht klein bei. Dieses Nichtunterkriegen-Lassen beeinflusst ihre Gefühle und damit auch ihre Reaktionen und Handlungen. Sie zeigen uns, dass ein Weiterleben möglich ist und dass es sich lohnt, immer von Neuem etwas zu riskieren. Ihre Devise lautet: „Und dennoch". Vielleicht können Sie sie auch einmal gebrauchen.

Eine Portion Wurstigkeit

Bevor man sich den Schlaf rauben lässt und die Gesundheit ruiniert, sollte man die Dinge, die eigentlich nicht wesentlich sind, lieber als das behandeln, was sie sind – nämlich als Kleinkram. Für Kleinkram lohnt es sich nicht, Energie zu verschwenden und sich zu grämen. Die Kunst, sich nicht unnötig aufzuregen und zu grübeln, ist der Beginn aller Weisheit. Verhalten Sie sich gleichgültig gegenüber dem, was nicht zu ändern ist. Gönnen Sie sich diese Portion Wurstigkeit. Erlauben Sie sich ein: „Na und?" und genießen Sie, wie sich das Adrenalin aus Ihren Adern zurückzieht. Falls Sie dazu neigen, die Gelassenheit zu vergessen, kaufen Sie sich eine Landjäger-Imitation und legen Sie sie als Erinnerung auf Ihren Schreibtisch.

Einigermaßen hinkommen

Trost bedeutet letztlich zu wissen, dass es noch schlimmer sein könnte. Das ist einer von diesen Sätzen, die es in sich haben. Manchmal hilft er aber doch, wenn es einem nämlich dämmert, dass man sich trotz allem glücklich schätzen kann. Denn es könnte wirklich alles noch viel schlimmer sein. Man darf sich freuen, wenn man es wenigstens einigermaßen hinkriegt, so wie der Hornbläser: „Er konnt es zwar nicht orntlich blasen, doch blies er's wenigstens einigermaßen …"

Bilanz ziehen

Wenn Sie zuweilen nachts nicht schlafen können und in der Wohnung herum geistern, gießen Sie sich eine Kanne Tee auf und schreiben Sie auf ein großes Blatt all die Dinge, die Sie nicht schlafen lassen. Und wenn es ganz schlimm ist, malen Sie noch ein paar Symbole oder Karikaturen dazu. Dann nehmen Sie ein zweites Blatt und schreiben darauf, was es an Gutem in Ihrem Leben gibt. Vielleicht werden Sie verwundert und getröstet sein, wie viele Posten auf Ihrer Habenseite stehen. Ich wette, dass Sie danach gut einschlafen werden.

Stimmungsheber

Die Wirkung positiver Gedanken kann jeder an sich selbst erproben. Man braucht sich nur jeden Tag einen aufrichtenden Gedanken eingeben, um sich besser zu fühlen. Überlegen Sie sich für heute einen optimistischen Gedanken, zum Beispiel: „Ich vertraue, dass das Leben es heute gut mit mir meint". Ein tröstlicher Gedanke vermag in entscheidendem Maß zu beeinflussen, wie man sich geistig, seelisch und körperlich fühlt. Nach und nach schlagen sich solche Gedanken in Einstellungen und mit der Zeit in Haltungen nieder. Nach ein paar Jahren werden sie zu Gesichtszügen.

Neu beginnen

Schreiben Sie auf ein Blatt all das, was Sie sich von einem Menschen, von dem Sie sich geliebt fühlen, wünschen. Anschließend fragen Sie sich, was von dem, was Sie aufgeschrieben haben, Sie sich selbst geben.

Wenn herauskommt, dass Sie sich selbst nur wenig geben, dann haben Sie nun einen Wegweiser, der Ihnen zeigt, was Sie zusätzlich brauchen. Prüfen Sie, wie Sie sich diese gewünschten Dinge mehr und mehr selbst geben können. Und vor allem: Setzen Sie das Gewünschte in Taten um.

Ausgleich

Sie fühlen sich ausgelaugt und gereizt. Vielleicht hat Ihnen noch niemand das Geheimnis der Gelassenheit verraten. Ich verdanke es einem Franziskanerpater. Er riet mir: „Wenn du etwas machen musst, dann mach es richtig und mit ganzem Herzen. Und dann tu etwas ganz Gegensätzliches, damit dein Leben wieder ins Gleichgewicht kommt. Wenn du viel gelesen hast, lauf über eine Wiese. Wenn du viel mit anderen zusammen warst, bleib eine Weile allein. Wenn du viel gearbeitet hast, geh tanzen und feiern. So findest du Gelassenheit."

Flexibel sein

Wir müssen es nicht lieben, was das Leben uns zuspielt. Aber wir haben die Wahl, ob wir auf Plan A bestehen, oder ob wir zu Plan B übergehen wollen. Zufriedenheit und Glück hängen nicht in erster Linie davon ab, wie erfolgreich wir unsere Pläne durchziehen, sondern davon, wie flexibel und elegant wir mit Alternativen umgehen. Die meisten von uns müssen ihre persönliche Planung immer wieder den Umständen anpassen, die das Leben mit sich bringt. Die Menschen, die sich auf Neues einlassen, sind dann glücklicher als die, die nur alten Vorstellungen nachtrauern. Ein irisches Sprichwort sagt: "Lieber eine gute Sache, die ist, als zwei gute Sachen, die waren, oder drei gute Sachen, die kommen werden."

Veränderung

Ein Mann sitzt im Zug. Bei jeder Station steht er auf, liest den Ortsnamen und stöhnt. Sein besorgter Nachbar will ihm helfen, aber der Mann wehrt ab: „Sie können mir nicht helfen. Mein Problem ist, dass ich schon längst ausgestiegen sein müsste, aber hier drinnen ist es so schön warm, dass ich mich nicht aufraffen kann." Geht es Ihnen manchmal auch so? Meist wissen wir es selbst, wenn wir einen falschen Weg eingeschlagen haben. Eigentlich müssten wir die Richtung wechseln – aber das kostet Kraft und Mut.

Man sollte sich nicht für einen aussichtslosen Fall halten, wenn die Veränderung nicht gleich beim ersten Versuch gelingt. Wir haben jeden Tag die Chance, uns neu auszurichten. Sicher ist: Wenn wir ernst mit der Veränderung machen, werden wir erfahren, wie befreiend dieser Schritt wirkt. Das Leben ist zu kostbar, um stöhnend im falschen Zug verbracht zu werden.

Momente der Eingebung

Künstler leben von diesen Momenten der Eingebung, die auch Sie einladen können. Nehmen Sie einmal an, dass all das, was Ihnen in dieser Woche widerfährt, nicht zufällig ist. Spannen Sie das Netz Ihrer Wahrnehmung ganz weit. Achten Sie auf Ihre Träume, folgen Sie Ihren Impulsen, nehmen Sie Ihre Ahnungen ernst und lassen Sie sich von Ihrer Intuition leiten. Welche Kinofilme reizen Sie? Welche Lieder hören Sie immer wieder? Zu welchen Büchern zieht es Sie hin? Was sagen Fremde zu Ihnen? Welche Botschaften erhalten Sie von Freunden oder der Familie? Was springt Ihnen ins Auge? Welche aktuellen Themen interessieren Sie?

Seien Sie aufmerksam und aufnahmebereit. Welche Überraschungen, Übereinstimmungen und Ideen erhalten Sie in dieser Zeit? Je sensibler Sie wahrnehmen, desto empfänglicher werden Sie für die Geschenke und Eingebungen, die das Leben für Sie bereithält.

Sich sammeln

Nicht Zerstreuung hilft gegen Leid, sondern Sammlung. Das heißt: auch im Alltag bewusst im Hier und Jetzt leben. In Thich Nhat Hanhs Worten: „Dann sind wir offen für dessen Wunder und können auch mit möglichen Schwierigkeiten umgehen."

Sammlung kann man jeden Tag üben. Man fängt an, etwas zu tun, das man mit den Händen greifen kann. Eine Schublade aufräumen, einen Schrank, einen vernachlässigten Ordner, ein Zimmer. Die Wirkung ist unmittelbar, man fühlt sich wohler, mehr bei sich. Sammeln kann man sich bei einfachen Alltagsarbeiten: beim Pflanzen von Kräutern oder Blumen, bei der Pflege von Möbeln, beim Abspülen oder Bügeln, weil die Seele dabei ruhig wird und man Muße hat nachzudenken, über die Dinge zu sinnen und sich Tröstlichem zuzuwenden.

Innere Bilder

Es gibt innere Bilder, die uns ermutigen und uns dazu bringen, uns immer wieder für Neues zu öffnen. Solche Bilder können uns Zuversicht und Vertrauen vermitteln. Der Trost der inneren Bilder hat damit zu tun, dass wir durch sie unsere Gehirnzellen miteinander verknüpfen, stabilisieren und ausbauen. Diese Erkenntnis verdanken wir den Hirnforschern, die in den letzten Jahren zeigen konnten, dass die Art und Weise, wie wir denken, fühlen und handeln, ausschlaggebend dafür ist, welche Verschaltungen wir in unserem Gehirn stärken oder abbauen. Gibt es ein inneres Bild, aus dem Sie Mut, Ausdauer und Zuversicht schöpfen?

Vom Glück, unglücklich zu sein

Die Zeiten, in denen es uns schlecht geht, sind lang und quälend. Aber sie haben ihren tiefen Sinn. Betrachtet man sie aus einer träumerisch-schwebenden Perspektive, verändert sich das Leiden. Man fühlt sich in der Wirklichkeit verankert und stellt grundsätzliche Fragen. Man entwickelt mehr Mitgefühl für andere und wird vielleicht sogar ein wenig weiser. In Zeiten der Niedergeschlagenheit liegt ungeahntes, schöpferisches Potenzial, wenn man sich ihnen aussetzt, allein und ohne Ablenkung. Es geht hier nicht um Heilung, sondern um unsere persönliche Einstellung, die sich in schwierigen Lebensphasen verändert. Wir können diese Phasen als Chance verstehen, uns den wesentlichen Dingen zuzuwenden und zu wachsen.

Loslassen ist erlernbar

Wie kann man Loslassen erlernen? Am besten ganz konkret. Suchen Sie sich etwas Kleines, das Sie leicht in der Hand halten können. Einen Ball, ein Wollknäuel oder einen Stein. Die Aufgabe heißt ganz schlicht: Spüren Sie, dass dieser Gegenstand herunterfällt, wenn Sie ihn loslassen. Halten Sie den gewählten Gegenstand in Ihrer dominanten Hand und verankern Sie das Signal „Loslassen" in der anderen Hand. Sie tun dies, indem Sie die Fingerspitzen von Daumen und Zeigefinger drücken. Wann immer Sie nun mit der einen Hand dieses Signal geben, lassen Sie das, was sie in der anderen Hand halten, los. Vielleicht müssen Sie diese Verbindung mehrmals üben, damit sie vertraut und zur Routine wird. Mit etwas Übung sollte das Signal „Daumen-Zeigefinger" von der einen Seite auf der anderen Seite automatisch zum Reflex „Loslassen" führen. Wenn dieser einfache Daumen-Zeigefinger-Kontakt das Gefühl für das Loslassen herstellt, dann kann man dieses Signal auch für andere Situationen nutzen. Stören Sie sich beispielsweise an einem Geräusch, einem unbequemen Möbelstück oder einer unaufgeräumten Nische in Ihrer Wohnung, geben Sie sich selbst das Signal und lassen Sie diese Dinge bewusst los. Halten Sie mit Ihren Gedanken nicht daran fest. Anfänglich eignen sich hierfür vor allem Dinge, die emotional nicht zu sehr beladen sind. Hat man den Loslass-Reflex wirklich verinnerlicht, so kann man ihn auch auf zwischenmenschliche Belange anwenden. Diese Technik ist einfach, aber sehr effektiv, weil man die Erfahrung des Loslassens steuern kann. Man erlebt dieses befreiende Gefühl genau in dem Moment, in dem man es braucht. Das bedeutet einen Zugewinn an Autonomie.

Kopfstand-Ideen

Wenn Sie nicht weiterwissen, versuchen Sie einmal Folgendes: Stellen Sie Ihr Problem auf den Kopf, verkehren Sie es in sein Gegenteil. Nehmen Sie ein Problem, das Ihnen schon länger Kopfschmerzen bereitet. Beispielsweise: „Ich hätte gern mehr Kontakt zu anderen." Verkehren Sie die Problemstellung in ihr Gegenteil: „Wie erreiche ich, dass mein Partner sich vor den Kopf gestoßen fühlt, wenn ich ihn kritisiere?" Im Kopfstand fällt Ihnen vielleicht ein: „Unsachliches Verallgemeinern ... du bist immer ... du machst immer." Nun deuten Sie die negativen Ideen positiv um. Positiv umgedeutet könnte herauskommen: „Ich will meine Kritik auf einzelne Situationen und konkrete Anlässe beziehen." Sie werden erstaunt sein, wie befreiend und erheiternd diese Technik ist, denn hier dürfen Sie Dinge nennen, die Sie sich sonst nicht trauen würden. Übertreibungen lösen Denkblockaden auf und sind bestens geeignet, Frustration und Barrieren zu überwinden. Geben Sie sich die Erlaubnis, einmal das „Unmögliche" zu denken.

Ressourcen würdigen

Achten Sie eine Woche lang auf alles, was Ihnen Freude macht und von dem Sie möchten, dass es sich wiederholt. Notieren Sie es in Ihrem Notizbuch und werten Sie ihre Aufzeichnungen am Ende der Woche aus. Beschließen Sie, all das, was Sie erfreut, öfter zu tun als bisher.

Hier geht es um die Konzentration auf vorhandene Ressourcen, die wir im Alltag oft übersehen und nicht genügend würdigen.

Für die Seele

WIE KANN MAN SICH TRÖSTEN nach der Entdeckung, dass der beste Freund sich von einem abwendet? Wie verkraftet man die Erkenntnis, dass das geschenkte Vertrauen verraten wurde? Wie lebt man als Großmutter damit, dass die Enkelkinder nicht anrufen? Was soll man machen, wenn die eigene Tochter nichts von sich hören lässt?

Jede Seele tröstet sich auf ihre Weise. Eher rational orientierte Menschen fühlen sich vielleicht von strengeren meditativen Formen angezogen, während temperamentvolle, impulsive Menschen mehr zu aktiveren Ritualen neigen. Auch im Laufe der Lebensphasen mag sich das ändern. War es früher ein bestimmtes Gebet, Wort oder Lied, das uns Trost gespendet hat, so mag sich seine Bedeutung für uns verändert und anderen Formen Raum verschafft haben.

Bei der Frage, wie wir uns trösten können, geht es nicht um die Richtigkeit dieser oder jener Methode, sondern um ihre Wirkung. Was zählt, ist allein die Erfahrung, ob wir uns getragen, geborgen und in Verbindung mit dem großen Ganzen fühlen.

Ziel dieser Anregungen ist die Wiederbelebung eigener Seelenquellen, die Wiederentdeckung des inneren Zuhauses und der inneren Bilder, die gerade in unserer Zeit der Mobilität und der Zerrissenheit von entscheidender Bedeutung sind.

Wie gewinnen wir Lebenssicherheit und Trost? Sicher durch das Vertrauen in die lebensspendenden Kräfte, die uns umgeben. Durch die Fähigkeit, inne zu halten und mit sich zu verweilen. Aber auch durch die Kompetenz und Möglichkeit, das auszudrücken, was uns innerlich bewegt. Wir brauchen Verstärker unserer Seelenbewegungen, sei es das Träumen, das Lachen, das Singen oder das Staunen, damit wir mit unserem Leid nicht allein bleiben.

Leid öffnet unsere Seele. Wir können ihr eine Sprache geben, so dass das, was Eindruck war, in Ausdruck verwandelt wird. Solange wir unserem Seelenzustand Ausdruck verschaffen, verstummen wir nicht und werden uns selbst nicht fremd. Von Wilhelm Busch stammt der Satz: „Nur in der Tiefe der Seele, mit Hilfe jener Kraft, die stärker ist als alle Vernünftigkeit, kann Trost und Ruhe gefunden werden."

Je trostärmer unser Leben ist, desto wichtiger wird es, sich regelmäßig Raum und Zeit zu gönnen, damit die Seele wieder schwingen kann. Wie in der Musik sind auch in unserem Leben die Pausen, in denen wir seelisch Luft holen können, wesentlich. Ohne sie würden wir innerlich verhärten und bitter werden. Wir brauchen diese Freiräume, in denen unsere Seele atmen und sich ausdrücken darf. Und es gibt zahlreiche Wege, wie wir unserer Seele auf die Sprünge helfen können. Lassen Sie sich ganz einfach überraschen und für ein Weilchen in eine andere Welt entführen – in die Welt der Seele und der Phantasie. In die Welt, in der Ihr eigener wahrer Platz ist.

Sich selbst trösten

Niemand ist in der Nähe, der Sie streichelt oder in den Arm nimmt? Lassen Sie den Kopf nicht hängen. Sie können auch selbst für sich sorgen. Hier eine Instant-Liebkosung: Reiben Sie die Hände aneinander, bis sie angenehm warm sind. Legen Sie die erwärmten Hände auf das Gesicht und streichen Sie sie mehrmals nach unten und dann zu den Seiten. Das wärmt nicht nur die Seele. Auch die Haut strafft sich und sieht fast genauso schön aus wie nach einer Gesichtsmaske.

Notfallkoffer

Packen Sie sich einen Koffer für schwere Zeiten. Schreiben Sie dazu erst alles auf, was Ihnen je geholfen hat, wenn es Ihnen schlecht ging.

Ordnen Sie dann die einzelnen Punkte so, dass die Dinge, die Ihnen besonders hilfreich waren, zuoberst stehen. Legen Sie nun all die hilfreichen Utensilien, die ihnen bisher dienten, in einen Koffer oder eine Kiste. Vielleicht wäre es ratsam, noch eine Notfall-Liste hinzuzufügen, auf der sich Telefonnummern, Adressen oder auch hilfreiche Sätze befinden.

Meist geht es einem schon viel besser, wenn man all diese Dinge eingepackt hat. Allein das Wissen, etwas „für alle Fälle" parat zu haben, ist tröstlich und kann sogar den Ausbruch einer Krise verhindern.

Tröstliche Bilder

An einen sicheren Ort kann man immer wieder gehen, um aufzutanken. Deswegen schlage ich Ihnen vor, nach Ihrem eigenen sicheren inneren Ort zu suchen, mit Hilfe Ihrer Vorstellungskraft.

Lassen Sie Vorstellungen oder Bilder auftauchen von einem Platz, an dem Sie sich wohl und geborgen fühlen. Wenn Sie spüren, dass Sie sich ganz und gar aufgehoben fühlen an Ihrem gewählten Ort, dann können Sie diese Empfindung mit einer kleinen Körpergeste verankern. Diese Geste können Sie in Zukunft ausführen, wenn Sie im Geist Ihren sicheren Ort aufsuchen möchten. Sie wird Ihnen helfen, dass Sie sein Bild ganz rasch wieder in Ihrer Vorstellung abrufen können. Sie brauchen bloß im entsprechenden Moment die Geste auszuführen.

Innere Helfer

Wenn Sie sich einsam oder hilflos fühlen, können Sie sich mit Ihren inneren Helfern verbinden, die Sie nie im Stich lassen. Wie das geht?

Stellen Sie sich einen Raum vor ... und dann laden Sie sich in Ihrer Vorstellung selbst in diesen Raum ein als die Person, die Sie einmal waren und die Sie einmal sein werden. Als erstes laden Sie das Kind, dann den Teenager, dann den Erwachsenen von früher ein. Zum Schluss die alte Person, die Sie später einmal sein werden. Nun erörtern Sie mit den Eingeladenen in Gedanken Ihre Frage oder Ihr Problem. Jeder darf seine Meinung dazu äußern. Lassen Sie die Kommentare auf sich wirken.

Diese hilfreichen inneren Wesen repräsentieren in gewisser Weise Ihr inneres Wissen – Ihre Weisheit. Wenn Sie regelmäßig Ihre inneren Helfer befragen, können Sie sich nach einiger Zeit auch ohne diese Personifizierungen direkt mit Ihrer inneren Weisheit in Verbindung setzen.

Dank tanken

Es fällt uns nicht schwer wahrzunehmen, was in unserem Leben nicht gelingt oder was wir nicht haben. Aber die schwierigere Kunst ist zu sehen, was alles in unserem Leben blüht. Der amerikanische Schriftsteller Henry David Thoreau stellte sich jeden Morgen nach dem Aufwachen die gleichen drei Fragen: Was ist gut an meinem Leben? Worüber kann ich glücklich sein? Wofür sollte ich dankbar sein? Die Antworten auf diese Fragen erfüllen uns mit Wohlwollen, machen uns freundlich und lebensbejahend. Haben Sie einmal begonnen, die Welt dankbar zu betrachten, wird nicht nur Ihre Wahrnehmung erweitert und verbessert – auch Ihre Erlebnis- und Lebensqualität nimmt erheblich zu

Die Morgen-Inventur

Könnten Sie sich vorstellen, den Tag mit einem Ritual zu beginnen? Gleich nach dem Aufwachen, beim Morgenspaziergang oder unter der Dusche, das bleibt Ihnen überlassen. Zählen Sie an den fünf Fingern einer Hand fünf Dinge auf, für die Sie zu Tagesbeginn dankbar sind. Das mögen elementare Gaben sein – der Partner, die Familie, die Freunde, die Gesundheit, die Arbeit – ebenso wie besondere Ereignisse, Unverhofftes, Überraschendes oder die vergangene Abendeinladung. Ich gebe zu, im Dank sehen wir unsere Welt positiver als sie ist. Wir lesen das Schöne aus ihr heraus. Doch wer danken kann, wird versöhnlich und macht die Welt dadurch selbst für sich und andere ein Stück besser.

Die beste Medizin

Die einfachste und beste Medizin gegen Kummer heißt immer noch: etwas tun. Etwas zu tun bedeutet, geistig und körperlich in Bewegung zu sein. Sich nicht abfinden oder abspeisen zu lassen, nicht in Lethargie oder Depressionen zu verfallen. Wer etwas tut, setzt der Schwerkraft des Lebens etwas entgegen.

Nur so aus Spaß

„Nur so aus Spaß" ist der beste Grund, etwas zu tun, was Sie sonst nicht tun würden. Tanzen Sie, malen Sie ein Bild, restaurieren Sie einen alten Stuhl, schreiben Sie eine Geschichte – einfach so, ohne Sinn und Zweck, nur aus Neugier oder Freude an der Tätigkeit. Je mehr es Ihnen gelingt, sich ganz in Ihre Beschäftigung hineinzuversenken, desto erfüllter und befriedigender werden Sie die Zeit erleben.

Lachende Gesichter

Sammeln Sie Bilder von lachenden Menschen. Seien das nun Fotos von Bekannten und Freunden oder Gesichter, die Sie aus Zeitschriften ausschneiden. Stellen Sie sie auf Ihren Arbeitsplatz auf, hängen Sie sie in den Flur, an den Kühlschrank oder Kleiderschrank, oder legen Sie sie in den Geldbeutel. Lassen Sie sich von diesen Gesichtern anlachen und lächeln Sie zurück. Jedes Mal, wenn Sie solch ein lachendes Gesicht anschauen, erinnern Sie sich daran: lächeln. Vor allem in Zeiten, in denen es eigentlich wenig Grund zur Freude gibt, können diese Gesichter Sie daran erinnern, das Lachen nicht zu vergessen.

Vertrauen

Eine der wichtigsten Ressourcen, auf die wir zurückgreifen können, um mit Belastungen und Druck fertig zu werden, ist das Vertrauen. Vertrauen braucht man, wenn man allein nicht weiterkommt. Man kann sich das Vertrauen vorstellen wie einen Schemel, der auf drei Beinen steht. Erstens: Vertrauen in das eigene Wissen, vorhandene Fähigkeiten und Fertigkeiten; zweitens: Vertrauen, dass es jemanden gibt, mit dem man Probleme gemeinsam lösen kann; und drittens: Vertrauen, dass man gehalten ist in dieser Welt und dass alles wieder gut wird. Wer mit seinem Vertrauen nur auf einem oder zwei Standbeinen steht, kann umfallen. Wer aber alle drei „Standbeine" pflegt, wird stark, unbeirrbar und hat die besten Voraussetzungen, seine Ressourcen sinnvoll zu nutzen.

Verabredung mit sich selbst

Erklären Sie einen Tag zum „Tag ohne Uhr". Keine Pflichten, keine Besuche, keine Besorgungen, keine Verabredungen, außer der einen – Ihrer Verabredung mit sich selbst. Legen Sie Ihre Uhr ab und folgen Sie Ihrem eigenen Rhythmus. Tun Sie nur das, was Sie wollen, wann Sie es wollen, so lange Sie es wollen.

Träumen

Es ist nicht einfach, sich von den Sachzwängen zu befreien, denen man tagtäglich ausgesetzt ist. Aber es schadet sicher nicht, wenn wir uns gestatten ein wenig zu träumen, oder wenigstens darüber nachzudenken, wie es wäre, wenn wir uns die Dinge aussuchen könnten. Wirklich bemitleidenswert ist nur, wer nicht mehr zu träumen wagt. Wer sich nicht zu träumen traut, bemerkt es nämlich auch nicht, wenn plötzlich ein Traum in Erfüllung geht.

Lachen macht fit

Lachen Sie so viel wie möglich. Lachen vertreibt die Niedergeschlagenheit und den Stress. Es massiert, stimuliert und beruhigt. Lachen ist Fitness für die Körperorgane, soll sogar den Blutdruck normalisieren und lässt die Seele wieder weit schwingen. Ist nicht das Schönste am Älterwerden, dass man über sich selbst lachen kann?

Geborgen bei einem Freund

Solange es einen Menschen gibt, für den wir Vertrauen und Zuneigung empfinden, ist die Seele niemals ohne Trost. Wer eine engste Freundin oder einen engsten Freund hat, verfügt über die besten Voraussetzungen, Konflikte und Krisen durchzustehen. Was gibt es Tröstlicheres für die Seele als einen Tratsch mit der besten Freundin, bei der man sich ausweinen oder auch mal so richtig herzlich lachen kann?

Sich etwas gönnen

Wir sollen alles selbst machen bis wir 80 sind. Aber warum eigentlich? Warum sollen wir nicht Hilfe in Anspruch nehmen? Das muss überhaupt nicht unmoralisch oder ausbeuterisch sein. Wir können ein Taxi rufen, ohne dass es unbedingt hageln oder Schneetreiben geben muss. Wir dürfen uns auch einmal zurücklehnen und andere kochen lassen, ohne zuständig zu sein, wenn das Essen anbrennt. Wäre es nicht herrlich, sich Lasten abnehmen zu lassen? Zuviel lastet auf unseren Schultern. Entlasten wir uns, gehen wir in ein Restaurant, geben die Kinder einem Babysitter, den Rasen einem Nachbarjungen, die Kleider einer Wäscherei und das verpfuschte Haar dem Friseur. Es muss ja nicht gleich Kaffee am Bett sein, aber ein paar helfende Hände hin und wieder sind wie das Glück: selten und von unschätzbarem Wert.

Mein inneres Zuhause

In unserer geschäftigen Welt verliert man leicht den Kontakt zu seinem tieferen Selbst. Aber die Entdeckung des inneren Zuhauses ist ein Weg, dem Hunger nach Sinn im Leben zu begegnen. Halten Sie inne, schließen Sie die Augen und versuchen Sie, Kontakt zu Ihrem inneren Zuhause herzustellen – jenem Ort tief in Ihnen selbst, an dem Sie mit sich eins und im Reinen sind, sogar wenn an der Oberfläche Ihres Lebens Stürme toben. Wenn Sie diesen Ort gefunden haben, genießen Sie für eine Weile das bloße Verweilen.

Betrachten Sie nun von diesem Ort der Ruhe aus die Probleme, mit denen Sie augenblicklich konfrontiert sind, und warten Sie ab, was passiert. Vielleicht mögen Sie die Erfahrungen in Ihrem Tagebuch festhalten. Es kann sehr aufschlussreich sein, sie später wieder zu lesen.

Zu Hause bleiben

Zeit zur eigenen Verfügung zu haben – ist das nicht ein Luxus? Träumen, kramen, herumwursteln, die Fingernägel feilen, Fotos einkleben, mit der Katze spielen, bequeme Kleider tragen. All dies oder auch nichts tun. Als Ausgleich zu unserer täglichen Emsigkeit ist das ein seltenes und herrlich entspannendes Vergnügen. Vielleicht sollte man sich häufiger darum bemühen, denn zu Hause auf diese Weise Zeit zu verbringen ist heilsam für die Seele.

Erleichterung

Warum klatschen die Leute, wenn das Flugzeug sicher landet? Die Glücksmomente in unserem Leben sind oft Momente der Erleichterung. Unsere Tage sind voll davon. Wir freuen uns über die Geldbuße, die wir nicht bezahlen mussten; den glimpflich verlaufenen Zahnarztbesuch; die Pressluftbohrer, die endlich verstummen; die Katze, die zurückkommt; den wiedergefundenen Schlüssel oder die bestandene Prüfung.

Das Glück ist kostbar und einzigartig, aber die Glücksmomente der Erleichterung streifen uns ziemlich häufig. Sollte man sie nicht gebührend feiern? Verdienen sie nicht ein von Herzen kommendes „Danke"?

Abschalten

Es gibt ein praktikables Mittel, um ab und zu aus dem Teufelskreis von Erschöpfung, Belastung und Überforderung auszusteigen: einmal im Monat einen ganzen Tag im Bett bleiben, völlig abschalten und nur das Nötigste sprechen. Wenn es kein ganzer Tag sein kann, mag auch ein halber, etwa vom Mittag bis zum nächsten Morgen, genügen. Hauptsache ist das wirkliche Entspannen, das bewusste Sich-Abwenden von der Umwelt, das Eintauchen ins erholsame Nichtstun. Man kann schlafen oder lesen, träumen oder die Gedanken spielen lassen, das ist ganz gleich. Am nächsten Tag fühlt man sich wie neugeboren.

Die Fensterläden öffnen

Wenn es in Ihrem Leben dunkel ist, schauen Sie doch einmal, ob es nicht womöglich daher kommt, dass Sie sich verschlossen und abgeschottet haben – wie einen Raum mit verriegelten Fensterläden. Gemäß unserer Welt- und Lebensanschauungen filtern wir alle Wahrnehmungen und Erfahrungen und bilden so unser eigenes Bild der Dinge und Situationen. Mitunter liegen wir bei der Beurteilung unserer Lage jedoch ziemlich daneben. Versuchen Sie einmal, Ihre „Fenster" wieder zu öffnen und Sonne und Licht hineinzulassen. Vielleicht gelingt es Ihnen dann, Ihr Leben aus einer neuen Perspektive zu betrachten.

Das Rettende

Im Vertrauen ahnen wir, dass die Widerfahrnisse, Prüfungen und Schicksalsschläge des Lebens, so grausam sie auch sein mögen, uns nie begegnen, um uns zu vernichten, sondern um unsere Sinne für andere Welten der Wahrnehmung zu öffnen. Ihre Härte wird dadurch freilich nicht gemildert. Wie viele Umwälzungen, Verzweiflungen, Katastrophen werden trotzdem durchzustehen sein? Diese Zeiten, in denen wir glauben, uns nie mehr mit der Welt versöhnen zu können, erleben wir alle. Doch manchmal genügt bereits ein Satz, beim Blättern in der Bibel, bei einem Dichter oder von einem Freund, der uns vermittelt: Du hast nichts zu befürchten. Selbst wenn uns der Sinn dessen, was wir gerade durchleben, entgehen sollte, wird er uns vielleicht später irgendwann einleuchten. Wir müssen lediglich auf das Rettende vertrauen.

Kaffeehaustherapie

Einer der Königswege, um sich zu trösten, ist der Besuch in einem Café. Gönnen Sie es sich, weil Sie hart gearbeitet haben und es verdienen, oder weil Sie den ganzen Tag zu Hause verbracht haben und es verdienen. In beiden Fällen folgen Sie Ihrem Wunsch, allein und ungestört mitten unter Menschen zu regenerieren, abgeschirmt und abgeschieden von aller Hektik. Ein Kaffeehaus ist eine Oase, die keine lauten Töne kennt, kein hartes Licht, keine gehetzten Bewegungen. Eine Pufferzone, die einen schützt vor den scharfen Kanten der Realität. Kein Wunder, dass Frauen schön werden, wenn sie im Café sitzen. Das Glück liegt häufig nicht an fernen Palmenstränden, sondern um die Ecke in Ihrem Lieblingscafé. Die Kaffeehaustherapie wirkt unmittelbar und anhaltend.

E-Mail

Nicht jede E-Mail ist ein Vergnügen, aber dass es E-Mails überhaupt gibt, ist tröstlich. Anders als beim Telefon, das läutet, wann es will, kann man selbst entscheiden, wann man seine elektronische Post lesen will. Ein bisschen von der verheißungsvollen Aura Merkurs, des Botschafters der Götter vom Olymp, schwingt immer noch mit. Man weiß nie, ob nicht heute eine Botschaft dabei sein könnte, die neue Tore öffnet. Liebe. Geld. Urlaub. Wir brauchen diese täglichen kleinen Rationen von Versprechungen, die uns über vieles hinwegtrösten. Oft wissen wir nicht einmal, was wir erwarten, aber wir glauben, wenn es kommt, dann kommt es per E-Mail. So öffnen wir jeden Tag mit Spannung unsere Mails. Man weiß ja nie.

Trostpflaster für andere

EINE PRÜFUNG VERMASSELT, Liebeskummer, Krankheit, Umzug – das Leben kennt viele Krisen. Wer sie überstanden hat, weiß am besten, wie wohltuend die Anteilnahme anderer in solchen Lagen sein kann. „Durch nichts ist der Mensch den Göttern näher, als wenn er seinen Nächsten Gutes tut", so der Ausspruch des römischen Philosophen Cicero. Tatsächlich scheint es auch heute so, dass ein erfülltes Leben ohne den Einsatz für andere kaum denkbar ist.

Warum? Die Hirnforscher würden sagen, weil unser Gehirn ein soziales Gehirn ist, das auf Kommunikation mit anderen, auf Resonanz und damit auf Kooperation angewiesen ist. Anderen beizustehen, sie zu trösten und zu unterstützen ist also kein „Wellnessfaktor", auf den wir notfalls auch verzichten könnten, sondern eine Aufgabe, die zum Leben dazugehört. Der Arzt für psychosomatische Medizin Joachim Bauer kann sogar belegen, dass das Bedürfnis nach sozialer Gemeinschaft noch vor dem rangiert, was wir gemeinhin als Selbsterhaltungstrieb bezeichnen.

Sich um andere kümmern, für sie sorgen, etwas konkret für sie zu tun, ist ein meist unterschätztes, aber in hohem Maße gesundes und Beziehung stiftendes Verhalten. Jemandem die Hand zu halten, ihm Zuspruch und Sicherheit zu geben, stärkt unseren Glauben daran, dass es sich lohnt, etwas wegzugeben, weil dabei etwas entsteht, was unser Leben besser macht: Vertrauen. Wenn wir es frei verschenken, entdecken wir, dass wir miteinander stärker sind. Das geschieht, wenn wir in Krisenzeiten zusammenhalten, wie Kinder es nennen.

Die Widerfahrnisse des Lebens können wir nur dann einigermaßen überstehen, wenn im richtigen Augenblick wachsame Augen und fürsorgliche Hände für uns da sind. Um uns herum begegnen wir ständig Menschen, die bewahrt wurden – auch wir selbst zählen zu ihnen. Aus den Erfahrungen des Gehalten- und Getragenseins wächst die Kraft zu hoffen und darauf zu vertrauen, dass wir Trost und Hilfe erwarten können und dass wir auf unseren Lebenswegen nicht alleine sind.

Wie die meisten wertvollen Güter wird Trost, wenn wir ihn mit anderen teilen, beim Teilen mehr. Er hinterlässt nicht nur im anderen lebensspendende Spuren, sondern auch wir selbst werden durch das Trösten bereichert und gestärkt, weil wir selbst uns besser fühlen, und zwar unmittelbar.

Es ist nicht entscheidend, was wir für einander tun, sondern mit welcher inneren Haltung wir einander trösten. Der konkrete Alltag bietet die besten und einfachsten Möglichkeiten, um sich darin zu üben, für andere offen und hilfsbereit zu sein. Oft unterschätzt man, wie viel hier ohne großen Aufwand durch kleine Gesten und Aufmerksamkeiten erreicht werden kann. Ein freundliches Wort, ein aufmunterndes Lächeln, ein Anruf können zeigen, dass wir an den anderen denken.

Wenn Sie meine Anregungen aufgreifen, werden Ihnen sicher noch weitere Möglichkeiten einfallen, wie Sie um sich herum ein wenig Licht in die Welt bringen können. Es macht das Leben lebenswert, wenn wir Phantasie und Einfühlung füreinander entwickeln. Finden Sie selbst heraus, was Sie gern für andere tun würden und erlauben Sie sich, das auszuprobieren, was Ihnen entspricht. Mit jedem Schritt, den Sie auf andere zugehen, wachsen in der Regel auch die Bereitschaft und der Wille, sich selbst mehr zuzutrauen.

Gute Taten

Andere glücklich machen? Nichts ist einfacher als das. Helfen Sie Ihrer Nachbarin bei den Einkäufen, gehen Sie mit einem alten Menschen spazieren, lesen Sie einem Kind eine Geschichte vor, spenden Sie Blut oder helfen Sie einem Schulkind bei den Hausaufgaben. Man braucht nur nach dem alten Pfadfinderprinzip jeden Tag etwas Gutes tun – und schon steigt die Lebenserwartung! Gute Taten wirken positiv auf die Seele, helfen gegen chronische Depressionen und Schmerzen. Außerdem wird man mit jeder Menge Endorphinen belohnt – den Bonbons für die Seele.

Zuhören

Logik kann unsere Probleme und Sorgen bisweilen nicht lösen. Die Nähe eines vertrauten Menschen, der zuhören kann, ist das größte Geschenk. Zuhören ist weit mehr als nicht selbst zu reden. Zuhören heißt miteinander sein, wahrnehmen, was der andere sagt und was er nicht sagt und was er damit meint. Zuhören heißt nicht Fragen stellen und Geschichten erzählen. Zuhören bedeutet, die inneren Antennen auf Empfang zu stellen. Man kann mit den Augen, den Ohren, den Händen und vor allem mit dem Herzen hören, ohne gleich alles wissen zu müssen. Wenn wir zuhören, lassen wir uns von dem, was im Leben des anderen vorgeht, berühren.

Verwöhnt werden

Einzelkinder verwöhnender Mütter haben früh einen Sinn dafür entwickelt, andere Menschen sehnen sich ebenfalls danach: Für einen Erwachsenen ist es nicht einfach, jemanden zu finden, der ihm den Rücken streichelt oder sein Lieblingsgericht kocht. Jeder ist so beschäftigt. Doch manchmal tut es einfach gut, wenn wir uns umsorgen lassen können. Verwöhnt werden beruht nicht auf Gegenseitigkeit, sondern es bedeutet, dass einer dafür sorgt, dass es dem anderen gut geht. Wer sich keine Kur leisten kann und keinen Urlaub im Wellness-Hotel, der braucht jemanden, der ihn wenigstens zu Hause verwöhnt.

Ein Risiko eingehen

Erzählen Sie einem Freund oder einem guten Bekannten einen Witz über sich selbst oder lachen Sie über eine Dummheit, die Sie begangen haben. Gehen Sie das Risiko ein, sich bloßzustellen, und entdecken Sie, was in Ihnen und in dieser Beziehung geschieht.

Über sich selbst und mit anderen zu lachen, gibt Ihnen und anderen eine gesunde Pause der Verletzlichkeit. Über sich selbst zu lachen, kann Ihre Bedrückung erleichtern und Sie öffnen, damit Sie die erneuernde Nähe zu anderen wieder fühlen können.

Sie kennen vielleicht den Spruch: „Man wird erwachsen, wenn man das erste Mal über sich selbst lacht." An diesem Spruch ist einiges dran.

Schmetterlingskuss

Geben Sie heute jemandem, den Sie mögen, einen „Schmetterlingskuss" auf die Wange. Vielleicht bekommen Sie sogar einen zurück. Beides ist gleichermaßen lustvoll. Falls Sie nicht wissen, wie das geht – es ist ganz einfach. Flattern Sie mit den Augenwimpern entlang der Wange immer hin und her, so als würden Sie Ihr Gegenüber mit den Augenwimpern streicheln.

Küssen lässt vergessen

Das sinnlichste Trostpflaster ist ein langer, leidenschaftlicher Kuss. Der Atem wird tiefer, die Augen sind geschlossen. Man zeigt einander seine Zuneigung und schenkt Geborgenheit. Das ist die beste Art, einander zu trösten, Sorgen und Kummer zu vergessen.

Hand in Hand

Kinder tun es noch spontan und unbefangen: Sie halten Händchen. Auch uns Erwachsenen würde es gut tun, wenn wir uns wieder an diesen elementaren Körperkontakt erinnern würden. Beim Spazierengehen, im Konzert, im Kino, beim gemeinsamen Fernsehen oder beim Einschlafen. Halten Sie Händchen mit Ihrem Partner. Das beruhigt die Nerven, nimmt die Angst, vertieft den Kontakt und lindert sämtliche Stresssymptome. Wissenschaftliche Studien zur Stressforschung haben eindeutig belegt: Hand in Hand sind wir ruhiger und stärker.

Liebesbriefe

Legen Sie Ihrem liebsten Menschen einen kleinen Liebesbrief unter das Kopfkissen. Es gibt nichts Schöneres, als ins Bett zu gehen und plötzlich eine Liebesüberraschung unter dem Kopfkissen zu finden. Wärmende Worte von einem geliebten Menschen versüßen das Einschlafen und trösten über manche Sorgen hinweg.

Liebespfeile

Sicher kennen Sie jemanden, der Ihnen auf die Nerven geht, der es immer wieder schafft, Ihnen die Laune zu verderben. Statt zu grübeln oder zu schimpfen, schicken Sie dieser Person in Gedanken einen guten Wunsch, zum Beispiel „Ich wünsche dir, dass du heute zufrieden bist". Solche „Liebespfeile" sorgen dafür, dass das eigene Herz offen und weich bleibt. Vielleicht spürt die andere Person sogar die positive Energie, die von Ihnen ausgeht. Man selbst fühlt sich jedenfalls wesentlich besser, wenn man großzügig Liebespfeile verteilt, auch wenn der andere nichts von seinem Glück ahnt.

Miteinander reden

Miteinander reden gehört, ähnlich wie das gemeinsame Singen, zu den Trostpflastern, die uns scheinbar immer mehr abhanden kommen. Sich einfach so zum Vergnügen miteinander auszutauschen über Gott und die Welt, einen Ort zu finden, an dem jeder seine Ansichten und Meinungen kundtun kann – wäre das nicht wert, wieder belebt zu werden? Wie sollen wir sonst all das verarbeiten, womit wir tagein tagaus zwangsgefüttert werden? Wir alle brauchen jemanden, der uns zuhört. Natürlich kann jeder sich im Internet einloggen und stundenlang chatten. Aber ist das echte Gemeinschaft? Ohne Gesichter, ohne Stimmen, ohne Getränke und Knabberzeug? Wäre es nicht schön, wieder einmal einen Abend zu verbringen mit endlosen Gesprächen und Gedanken, über die man noch lange weiter sinnieren kann?

Briefe schreiben

Zum Glück gibt es immer noch Menschen, die Briefe schreiben. Vielleicht nicht mehr diese ausführlichen, geistreichen, literarischen, die sich so gut als Bettlektüre eignen. Aber sich gegenseitig Briefe zu schreiben gehört nach wie vor zu den schönsten Arten, sich auszutauschen. In Briefform lässt sich immer noch wesentlich besser ausdrücken, was wir meinen, als am Telefon, wo wir leicht vergessen, was wir sagen wollten oder was wir gesagt haben. Briefe schreiben ist eine Wohltat nicht nur für den Schreiber, sondern auch für den Empfänger, der den Brief immer wieder hervorholen und bei einer gemütlichen Tasse Tee mit Muße lesen kann. Man braucht keine schnellen Antworten geben, wenn man einen Brief bekommt. Stattdessen kann man sich Zeit nehmen zu überlegen, was man sagen möchte und seine Worte sorgfältig wählen. Briefe, die uns besonders wichtig sind, können wir lange aufbewahren. Sie sind wertvolle Erinnerungsstücke für uns selbst und später einmal interessant für unsere Kinder und Enkel.

Umarmen

Seien Sie großzügig mit Streicheleinheiten. Eine Umarmung sagt mehr als tausend Worte. Auch wenn Sie es nicht gewohnt sind, umarmen Sie einmal jemanden: am besten eine Person, die es besonders nötig hat. Zeigen Sie Ihre Freude darüber, dass es den anderen gibt, nicht nur mit Worten, sondern auch mit einer Geste. Das tut nicht nur der Seele des anderen gut, sondern ebenso Ihrer eigenen. Wenn Sie jemanden umarmt haben, setzen danach beide ihren Weg bereichert fort. Zärtlichkeit und Hautkontakt stimulieren die Ausschüttung des Hormons Oxytocin. Das erzeugt ein Gefühl von wohliger Zufriedenheit und Geborgenheit, das die Psyche gegen Stress abschirmt.

Winken

Erinnern Sie sich noch, wie schön es war, als Ihnen als Kind ein Erwachsener gewunken hat? Probieren Sie es einmal aus. Während Sie Auto fahren, winken Sie Kindern, die Ihnen entgegenkommen. Vielleicht begegnet Ihnen ein Wagen mit Kindern oder ein Schulbus – umso besser. Winken Sie den Kindern fröhlich zu oder hinterher und beobachten Sie, wie sie plötzlich strahlen und zurückwinken. Eine kleine Geste, die allen Beteiligten Vergnügen bereitet.

Freunde sind Anker

Wir müssten lernen, unsere Feinde zu lieben, heißt es in der Bibel, aber noch wichtiger ist es zu lernen, einander als Freunde die Herzen zu öffnen. Ein Freund, ein guter Freund ist nämlich das Beste, was es gibt. So lange wir einen Freund haben, dem wir vertrauen, ist unsere Seele niemals ohne Trost.

Ein echter Freund hat nicht immer den gleichen Blickwinkel wie wir selbst. Das ist auch gut so. So kann man Zusammenhänge und neue Perspektiven entdecken, die einem sonst nicht aufgefallen wären. Das Zusammensein mit einem Freund, der für unser Leben wichtig ist, bedeutet immer auch, dass wir in uns Quellen der Zuversicht, der Hoffnung und des Trostes entdecken, bisher noch stumme Saiten unseres Wesens, auf denen wir zu spielen lernen.

Selbstvergessenheit

Wer kennt nicht dieses befriedigende Gefühl, diesen Glücksmoment, für jemand anderen wichtig zu sein, ihm beizustehen, ihm leben zu helfen? Diese Selbstvergessenheit, die uns beim anderen sein lässt und uns sein Leid etwas angehen lässt, die die eigenen Fragen und Probleme vergessen lässt, ist vergleichbar mit der Hingabe eines Musikers an sein Spiel, das ihn alles andere vergessen macht. Dieses Ganz-in-etwas-vertieft-Sein macht einen Menschen anmutig und schön. Man wird schön, wenn man sich von sich selbst löst. Man wird unbefangen und anmutig, wenn man sich selbstvergessen hingibt.

Die Liebesdose

Wenn Ihr Partner eine schwere Zeit hat, schenken Sie ihm eine sogenannte „Liebesdose". Kaufen Sie eine hübsche Dose, binden Sie ein buntes Band darum und füllen Sie sie mit Notizzetteln, auf denen Liebesbotschaften für ihn stehen. „Ich liebe deinen Humor", „Gut, dass es dich gibt", „Du schaffst es", oder was auch immer für Sie stimmig ist. So hat Ihr liebster Mensch immer, wenn er ihn braucht, „Liebesproviant" direkt zur Hand.

König oder Königin für einen Abend

Diese Idee eignet sich besonders für Paare oder Zwei-Personen-Haushalte. Ein tröstliches Ritual, bei dem beide zu ihrem Recht kommen. Werfen Sie eine Münze, um zu entscheiden, wer zuerst an der Reihe ist. Der Partner, der die Zahl wirft, darf für den heutigen Abend als König „regieren". Er darf verwöhnt werden und sich wünschen, wonach sein Herz sich sehnt. Am folgenden Abend wird der andere für sein abendliches

Königreich gekrönt und darf auf seine Art „regieren". So kommt jeder auf seine Kosten und Sie ersparen sich viele unnötige Rivalitäten.

Lob

Lob können wir uns nicht selbst spenden, wie ein heißes Bad oder ein Stück Torte. Es braucht einen anderen, der uns lobt und viel hängt davon ab, wer das ist. Vor allem kommt es aber darauf an, was derjenige sagt. „Was für ein schönes Kleid" macht lange nicht so glücklich wie „Du siehst blendend aus heute Abend". Gekonntes Lob ist ein rares Gut. Besser, man rechnet nicht damit. Sollte es aber eintreffen, dann nehmen Sie es in Ihr Herz, lassen Sie es auf der Zunge zergehen, genießen Sie es, gravieren Sie es in Ihr Gedächtnis ein und wiederholen Sie es leise, bevor Sie schlafen gehen. Immer wieder, weil es sich so gut anfühlt. Und denken Sie daran, wie sehr sich andere über ein Lob von Ihnen freuen könnten.

Einander vorlesen

Was sonst könnte eine derart tröstende Wirkung ausstrahlen wie ein Buch, das im richtigen Augenblick zu uns kommt? Allenfalls ein vertrauter Mensch. Wenn beides zusammenkommt, ist das Glück pur. Lesen Sie einander auch aus Büchern vor, die älter als zwanzig Jahre sind und wiedergeben, was man damals gedacht und gefühlt hat. Daneben relativiert sich das, was heute gedacht und gefühlt wird, ziemlich rasch. Ganz besonders, wenn man ältere Bücher liest, in denen der Konsensus des mittleren Unglücks das „Normale" war, oder wenn man über die Angehörigen chronisch schwieriger Zeiten liest.

Das Vorlesen lädt ein zum Austausch, zur Begegnung. Für Menschen, um die herum es stumm geworden ist, kann es ein Weg sein, wieder in den Dialog einbezogen zu werden – über eine Geschichte. So kann ein gutes Buch zum Gefährten und zur Brücke zu anderen werden.

Nachsehen statt Nachtragen

Nachtragen ist anstrengend und belastend. Wie einen Virus schleppen wir das Unerledigte mit uns herum. Wir sind nicht frei, sondern durch die Verletzungen an den anderen gebunden. Das raubt Energie und reduziert unsere Lebens- und Schaffenskraft. Nachsehen hingegen ist erleichternd und befreiend und ein Zeichen von innerer Stärke. „Verzeihen ist eine Eigenschaft der Starken", meinte Mahatma Gandhi. Wer nachsehen kann, wirft seelischen Ballast ab und gewinnt Frieden und Souveränität. Auch wenn die Beziehung nicht rettbar ist, so kann man den anderen wenigstens in Frieden ziehen lassen. Kurzum: Je mehr wir vergeben, desto mehr vergessen wir!

Handreichungen von Seele zu Seele

Es sind nicht die spektakulären Gesten, die am dankbarsten aufgenommen werden, sondern diese kleinen menschenfreundlichen Lichtblicke. Ein Lächeln, das ein bisschen strahlender ist, ein

Anruf, der spontan kommt, ein befreiendes Lachen im richtigen Moment, ein Händedruck, der etwas kräftiger ist, eine Begrüßung, die aufrichtig gemeint ist, oder ein Satz, der auf innere Resonanz stößt und lange nachwirkt. Das sind die kleinen Handreichungen von Seele zu Seele, die uns ermutigen und inspirieren, die Hoffnungsschimmer, die uns beflügeln weiterzumachen. Das sind die Momente, die uns den Unterschied zwischen purer Zweckmäßigkeit und diesem kleinen bisschen „Mehr" leibhaftig vermitteln. Ihnen verdanken wir die Motivation, das weiterzugeben, was wir erhalten haben.

Wir alle leben von diesen Gesten, weil sie uns trösten und mit der Welt versöhnen. Und weil sie uns zeigen, es gibt Mut und Güte, die Menschen sich gegen ihre Trägheit und Angst abringen. Manchmal übersehen wir diese menschenfreundlichen Lichtblicke, aber unser Herz erinnert sich daran.

Blödeln

Wenn sich die Gedanken trüben, dann hilft manchmal nur eines: blödeln. Natürlich gilt blödeln als unseriös und bringt nichts ein. Aber für diejenigen, die viel denken, kann es ein zeitweiliges Aussteigen aus dem Grübeln sein. Ein wenig geistigen Auslauf, Übermut und Lust am Unfug. Und das benötigt man ja bekanntlich am meisten, wenn das Leben ernst wird. Allerdings braucht man zum Blödeln einen Partner, der zurückblödelt, oder – was noch besser ist – der einen überblödelt. Es wäre schade, wenn das Blödeln nur den Kabarettisten vorbehalten bliebe. Für den Hausgebrauch reicht es, sich hin und wieder einmal gehen zu lassen.

Tanzen

Als Kinder waren wir alle kleine Tänzer. Warum sollten wir uns nicht auf diese elementare Kunst zurückbesinnen? Sich rhythmisch zur Musik zu bewegen ist ein Seelenbad, eine der intensivsten Formen, sich selbst auszudrücken, zu spüren und die Welt für einen Moment zu vergessen. Probieren Sie es aus, allein oder zu zweit. Erlauben Sie sich, all das zu tun, was Sie sonst nicht tun. Drehen Sie sich, schütteln Sie sich, schwingen und stampfen Sie und genießen Sie diesen Moment, der Sie in die Gegenwart bringt, verloren in Schwung, Rhythmus und Seligkeit. Im Grunde wussten wir es schon immer: Tanzen macht selig.

Sich einfühlen

Unser Einfühlungsvermögen hat seinen Sitz im Herzen, das wir füreinander haben. Das Herz ist unser Sinn für das andere Fühlen. Der Verstand kann mit den anderen Gefühlen so wenig anfangen wie mit den eigenen. Was da ist, wenn zwei Menschen mehr erkennen als das, was die äußeren Verhältnisse des Augenblicks freigeben, ist mit den Kategorien des Denkens allein nicht zu fassen. Sie erwecken höchstens den Eindruck: „Er hat sicher recht, aber er versteht mich nicht." Dass das Herz seine Gründe hat, die der Verstand nicht versteht, heißt, dass unsere Einfühlung für den anderen weiter geht, als rational nachvollziehbar ist. Der Blick mit dem Herzen ist es, der uns über den eigenen Schatten springen lässt. Er lässt die Möglichkeit offen, dass man beispielsweise einem aggressiven Kollegen wohlwollend begegnet und nicht mit gleicher Münze zurückzahlt. Oder dass man so zuhört, wie dieses kleine Mädchen in Michael Endes „Momo", so dass „rastlose und unentschlossene Leute auf einmal ganz genau wissen, was sie wollen. Oder dass Schüchterne sich plötzlich frei und mutig fühlen". So konnte Momo sich einfühlen, weil sie mit dem Herzen gehört hat!

Rituale geben Sicherheit

Gute-Nacht-Geschichte, Gute-Nacht-Kuss, Rückenkraulen – das sind allabendliche Rituale, die nicht nur Kindern Beruhigung und Sicherheit geben. Die Erinnerung, dass man genau mit diesen Ritualen auch die letzten Nächte gut eingeschlafen ist und ausgeruht wieder aufwacht, ist ermutigend und ein Grund, sie zu wiederholen. Wie wäre es mit der abendlichen Ritualfrage: „Was war das Schönste heute?" Sie hinterlässt etwas positiv Beschwörendes – ein warmes, dankbares Gefühl von Geborgenheit, Stabilität und Sicherheit, das die Angst vor unberechenbaren Gefahren zurückdrängt. Kinder und Erwachsene schätzen solche Ankerpunkte gleichermaßen.

Lächeln tröstet

Schenken Sie heute jemandem ein Lächeln. Lächeln ist die kürzeste Entfernung zwischen zwei Menschen. Es gilt, das Lächeln als eine Schönheit zu entdecken. Es ist schön, mit einem Lächeln zu sprechen, manchmal schöner als mit vielen Worten. Es dauert nur einen Augenblick, aber die Erinnerung bleibt, manchmal sogar ein Leben lang. Erwarten Sie nicht, dass der andere zurücklächelt. Vielleicht tut er es, vielleicht auch nicht. Es genügt, wenn Sie sich öffnen und dafür sorgen, dass andere sich besser fühlen. Was dieses Lächeln für Sie bewirkt, ist genauso wichtig wie das, was es für andere bewirkt. Es stärkt Ihr Zusammengehörigkeitsgefühl und die Versöhnlichkeit mit sich und anderen.

„Bleib'!"

Es sind die kleinen Worte, die die wunde Seele beruhigen und heilen. „Bleib'" ist ein zauberhaftes Wort im Vokabular eines Freundes. Es überschreitet die normale Gastfreundschaft, weil es vermittelt „Du bist gemeint!" „Du bist willkommen!" „Ich bin für dich da!" „Ich gebe dir mehr, als du zu bitten oder zu fragen wagst!" Es gibt nichts Tröstlicheres als die Zusage: „Du bist bei mir zu Hause. Hier kannst du sicher sein!" Sagen Sie es heute. Sagen Sie es immer wieder. „Bleib'!"

Offene Türen

Warum nicht am Ende der Ferien oder am Jahresende einmal die Türen öffnen und die Nachbarn oder Freunde alle zusammen einladen? Der Aufwand ist minimal: einfach ein paar Einladungszettel unter die Haustüren, ein frisches Brot, Oliven, Käse oder Ähnliches und einen guten Wein bereithalten. Das ist nicht nur eine schöne Art das Jahr zu beenden, es hilft auch, dass wir uns nicht aus den Augen verlieren und wenigstens einmal im Jahr bewussten Austausch miteinander pflegen. Versuchen Sie es in Ihrer Nachbarschaft. Sie werden sehen, dass Ihr Beispiel ansteckend wirkt.

Trostpflaster der Natur

Wenn Sie den Überblick verlieren, was sich meist durch geballte Fäuste oder angespannte Muskeln äußert, oder wenn Sie bei schwierigen Fragen und Problemen nicht mehr weiter wissen, legen Sie eine Pause ein und gehen Sie ins Freie. Die natürlichste Art innerlich aufzutanken und wieder klar zu werden, liegt zweifelsohne in einem Ausflug in die uns umgebende Natur. Nicht nur weil wir selbst ein Teil der Natur sind, sondern auch weil die Natur unsere erste Heimat ist. Zwar haben wir uns als Kulturwesen von ihr entfernt, aber unsere Sehnsucht nach Natur lebt ungebrochen weiter in uns.

Gerade in unserer Zeit wird die Natur als Quelle des Trosts wiederentdeckt. Eine Neuorientierung, die hoffnungsvoll stimmt, zumal die westliche Zivilisation die Natur auf Grund der fortschreitenden Technisierung immer weiter zurückgedrängt hat. Weshalb brauchen wir die Umwelt? Je reglementierter und fragmentierter unser zivilisiertes Leben, desto größer wird die Sehnsucht nach Ursprünglichkeit und Natürlichkeit. Wir brauchen diese Gegenwelt als Ort der Heilung von Körper und Seele. Die Abspaltung von unserer eigenen Natur kann in der äußeren Natur wieder aufgehoben werden. Je ausgiebiger und intensiver wir mit ihr eins werden, desto näher kommen wir wieder an unsere eigene menschliche Natur. Man könnte sagen, der Kontakt mit der äußeren Natur bringt unsere innere Natur wieder in Einklang.

Im Wald, auf einer blühenden Wiese oder an einem Bach fühlt sich unser Körper wohl, weil die Schwingungen dort unsere eigenen natürlichen Schwingungen wieder zum Leben erwecken. Beim Blick in die Weite wird unser Herz weiter. Unsere Aufmerksamkeit richtet sich nach außen, weg von den alltäglichen Sorgen. Wir kommen heraus aus der Enge unserer alltäglichen Tunnelvision und gewinnen Weitblick. Und damit auch wieder mehr Überblick über die eigene Lebenssituation. Alles relativiert sich beim Anblick eines Sonnenaufgangs oder vor der Majestät einer Gebirgskulisse. Das tröstet nicht nur, sondern es inspiriert auch zu neuen Gedanken und erfüllt die Seele.

Vor allem der Zauber des Wassers – sei es auch nur ein kleiner Teich oder ein Bächlein – gehört zu den beruhigendsten und tröstlichsten Erfahrungen, die die Natur zu bieten hat. Wasser reinigt, klärt und erquickt nicht nur den Körper, sondern auch die Seele. Nicht nur der Klang fließenden Wassers oder das Rauschen einer Brandung ist eine Art Seelenkonzert. Auch die Stille in der Natur im Gegensatz zur permanenten Geräuschkulisse des Alltags ist ein unschätzbarer Ausgleich, der auch in uns wieder Ruhe und Harmonie entstehen lässt. Nur in der Stille kommen wir mit unserem Inneren in Kontakt. Deswegen suchen Menschen aller Kulturen immer wieder das Alleinsein in der Natur. Um sich zu heilen, um sich zu stärken und um Erfahrungen mit sich selbst zu machen, die der normale Wahnsinn des Alltags nicht bieten kann. Wir brauchen diese Ruheinseln in der Natur, um uns wieder zu finden und uns mit unseren ureigenen Lebenskräften wieder zu verbinden.

Gerade wenn das Leben uns einiges zumutet, sind wir auf die Kräfte der Natur angewiesen.

Nirgends sonst werden wir derart reich beschenkt mit Trosterfahrungen. Die Natur ist für uns als Trösterin da. Es gibt keinen besseren Ort, um ganz natürlich aufzutanken. Nutzen Sie sie, wann immer Sie können, auch wenn es anfänglich etwas Überwindung kostet. Mit der Zeit werden Sie erfahren, dass der beste Trost der ist: Natur pur!

Wasser reinigt die Seele

Auf die weite Wasserfläche zu schauen, dem Rauschen der Brandung zu lauschen, einem plätschernden Bächlein zu folgen, gehört wohl zu den tröstlichsten Erfahrungen, die die Natur uns schenken kann. Wasseranlagen gibt es in fast jeder Park- oder Gartenanlage. Wann immer Sie entspannen und auftanken wollen, gehen Sie an oder in das Wasser. Es reinigt und belebt immer beides: Körper und Seele.

Spazieren gehen

Spazieren gehen befriedigt eines der mächtigsten Bedürfnisse in uns: dazuzugehören und sich aufgehoben zu fühlen. Hinzu kommt die Botschaft unseres Körpers an uns: Wenn du dich bei einem flotten Spaziergang bewegst – dann geht es dir verdientermaßen gut. Wir fühlen uns wohler in unserer Haut, sagen wir gern. Genauer hieße es: Wir bewegen uns geschmeidiger, unser Schritt wird federnd, unser Gang wird elastischer, das Zusammenspiel von Muskeln und Gelenken wird harmonischer. Kurzum: Wir werden frei von Zwängen, Spannungen und Belastungen. Wir kommen zu uns selbst. Wir werden weiter und damit zuversichtlicher.

Selbst wenn man nicht das Glück hat, in der Nähe eines Waldes zu leben, kann man wenigstens zweimal flott um das Karree laufen oder zwei, drei U-Bahn-Stationen früher aussteigen. Das ist natürlich nicht ganz so belebend wie im Wald, aber es hilft trotzdem garantiert.

Sich erden

Auch wenn es in manchen Städten schwierig ist, eine Verbindung mit der Erde aufrecht zu erhalten, in Wirklichkeit ist die Erde überall und von ihr geht, wenn wir es empfinden können, ein Tragen, ein Ermöglichen aus. Man ist mit der Erde verbunden, wenn man sich seinen Platz sucht – entweder auf einem Berg, einem Hügel, einer Waldlichtung, oder in einem Park – und dort einfach still sitzt. Mit geöffneten Augen, einfach sitzen und schauen, zu jeder Jahreszeit, bei jedem Wetter und wahrnehmen, was geschieht.

Dieses Ritual hört sich leicht an, es hat aber eine tiefe Wirkung. Einfach still, ohne Ablenkung auf der Erde zu sitzen und wahrnehmen, was einem so einfällt, das ist der erste Schritt in Richtung Aussöhnung und Aufgehobensein.

Fest wie ein Baum

Innehalten – einen Baum umarmen, ihn mit den Händen, Lippen und der Stirn berühren und dabei die Augen schließen. So spürt man die Kraft des Baumes und hat an seinen Träumen teil. Man wird vielleicht selbst wie ein Baum, der in der Erde wurzelt und dessen Krone den Himmel berührt. Solch ein Erlebnis strahlt aus und zieht tröstliche Gedanken an, die sich wie eine Schar Vögel auf unseren Schultern niederlassen. Der modernen Hirnforschung verdanken wir die Beweise, dass dies nicht Poesie, sondern einfach die Wahrheit ist.

Grünes Glück

Eine grüne Pflanze verwandelt nicht nur den Raum, sie kann auch das Herz erwärmen. Eine der zähesten und pflegeleichtesten Pflanzen ist die Süßkartoffel. Auch wenn Sie nicht zu denen mit den grünen Daumen gehören, versuchen Sie es mit ihr. Es kann eigentlich nicht misslingen. Sie wächst sehr schnell und ist kaum umzubringen, es sei denn, Sie vergessen das Glas mit Wasser zu füllen.

Nehmen Sie ein großes Marmeladeglas und füllen Sie es mit Wasser. Kaufen Sie eine Süßkartoffel im Gemüseladen und stecken Sie vier Zahnstocher in das Innere, so als würden Sie die vier Himmelsrichtungen markieren und legen Sie die Kartoffel bis zur Hälfte ins Wasser. Die Zahnstocher sorgen dafür, dass sie nicht untergehen kann. Stellen Sie das Glas an einen sonnigen Fensterplatz und warten Sie ab. In kürzester Zeit wird Ihr Fensterbrett von einer wunderschönen Pflanze mit großen, gebogenen Blättern umrankt sein. Damit Sie lange Freude an dieser grünen Rebe haben, geben Sie Ihr hin und wieder etwas frisches Wasser.

Senecas Rat

Seneca empfiehlt, das Leid und den Kummer bewusst zu begrenzen und sich auf die Gegenwart zu besinnen, um standhaft zu sein. Wir sollen „das Boot nicht dem Sturm überlassen", sagt er in seiner Trostschrift an Marcia, sondern wir sollen das „Steuer fest in der Hand behalten". Das Leben meistern auch in schlechten Zeiten, indem man Wanderungen in freier Natur unternimmt, damit die Seele sich in frischer Luft kräftige und aufrichte, das ist sein Anspruch und Rat. Vielleicht klingt er zu einfach, aber in regelmäßiger Praxis ist er von unschätzbarer Wirksamkeit.

Ans Wasser gehen

Wenn wir einen See oder einen Teich sehen, empfinden wir dieses Bild spontan als tröstlich. Warum? Ein See symbolisiert bis heute Sicherheit, weil wir das Wissen um die Abhängigkeit vom Wasser in uns tragen. Früher konnten die Jäger und Sammler nur überleben, wenn sie abends auf eine Quelle stießen. Wer nach einer anstrengenden, schweren Erfahrung an einen Teich oder einen See kommt, erlebt einen beglückenden Moment. Man freut sich ähnlich wie ein Wüstenbewohner, der auf eine Oase trifft. Wasser schenkt Leben und Erneuerung, deswegen sollte man besonders in schwierigen Zeiten immer wieder ans Wasser gehen.

Verschmelzen

Die Faszination von endlosem Wasser, farbenprächtigen Sonnenuntergängen und der Berührung von Himmel und Erde am Meer lassen uns die rationale Distanz zu unserer Umgebung aufgeben und mit dem Universum verschmelzen. Im „ozeanischen Gefühl", wie Sigmund Freud es nannte, erfüllt sich unsere Sehnsucht nach äußerer und innerer Harmonie. Seelenruhe kehrt ein. Wir spüren die Sicherheit, in ein größeres Ganzes eingebunden und aufgehoben zu sein. Wie Kinder sind wir geborgen und leicht. Das weite Meer lässt uns tiefer fühlen. Unsere Seele und unser Blick werden weit. Weitblickende laufen nicht Gefahr, kurzsichtig zu handeln.

Lösungen säumen jeden Weg

Nehmen Sie Ihr Problem mit auf einen Spaziergang. Wenn Sie an eine besonders schöne oder interessante Stelle kommen, halten Sie inne und sammeln Sie Reizworte, die Ihnen an diesem Ort einfallen, zum Beispiel Kühe, mampfen, Ruhe, Gras, wiederkäuen, Pfad ... Sammeln Sie möglichst viele Reizworte und nehmen Sie sie als Anreiz, um Strukturen, die in den Worten sichtbar werden und Assoziationen, die sie auslösen, auf Ihr Problem zu übertragen. Sie werden erstaunt sein, wie Sie plötzlich klarer sehen.

Sonnenuntergang

Beobachten Sie einmal ganz bewusst den Sonnenuntergang, nicht wie gewöhnlich als Hintergrund, sondern als Hauptereignis. Zu schade wäre es, abzugleiten in Grübeleien. Was gibt es Schöneres als die Sonne, die mit ihren herrlichen Farben sich langsam verabschiedet und weiterzieht? Deshalb macht die Beobachtung des Sonnenuntergangs nicht beredt oder geschwätzig, sondern eher schweigsam. Man kann gar nicht anders, als inne zu halten. Jeder Sonnenuntergang ist ein Wunder. Wir sollten den Sonnenuntergang nicht für selbstverständlich halten, sondern für bemerkenswert erachten.

Abendspaziergang

Etwas Besonderes sind Abendspaziergänge – vor allem, wenn man mehrere Stunden in einem Zimmer, an einem Schreibtisch verbracht hat. Sich die Beine vertreten, die Seele durchlüften lassen und den Mond und die Sterne betrachten – all das geht nur draußen beim Umherspazieren. Die Hunderte von Spielarten des Sonnenuntergangs machen das Fernsehen überflüssig. Die Übergänge von der Dämmerung zum Schattenvollen bis hin zum Stockfinsteren – nur im Freien kann man sie auskosten. Im Zimmer hat man es eilig und drückt einfach auf den Lichtschalter. Besonders schön ist es in kleinen Städten, wo die Lichter an- und ausgehen, die Gassen fast leer gefegt sind und ein leichter Wind geht. Ein zusätzliches Vergnügen bietet der Blick durch die Fenster. Erleuchtete Fenster, auch wenn es sich nicht gehört, allzu indiskret hineinzuschauen, stimmen behaglich und friedlich. Warum das so ist? Probieren Sie es selbst und lassen Sie sich inspirieren bei Ihrem abendlichen Herumstrolchen. Ihr gut durchlüfteter Kopf wird es Ihnen danken.

Im Zweifelsfall – ein Bad

Es gibt keinen Kummer, der so schwer wiegt, als dass er nicht in einem Bad ertränkt werden könnte. Wo – außer im Bad – kann man die Welt so einfach von sich fernhalten? Man muss nicht ein Thermalbad oder ein Heilbad aufsuchen. Im häuslichen Bad lässt sich ohne großen Aufwand eine eigene, private Badekur zelebrieren. Am besten jeden Tag. Sie beruhigt das Gemüt, entspannt den müden, angespannten Körper, bügelt die Stirnfalten glatt und besänftigt den gestressten Geist. Ob man nun den Tag mit einem Bad zum Aufwachen begrüßt, oder ihm lieber den sanften Übergang in einen leichten Schlaf verdankt, das findet jeder für sich selbst heraus.

Ein wenig Badesalz oder wohlriechendes Badeöl, eine duftende Seife, ein flauschiges Badetuch – mehr braucht es nicht. Vielleicht noch gedämpftes Licht oder ein paar Kerzen für Tage, an denen man besonders viel Wärme und Trost braucht. Der Effekt ist vergleichbar mit dem des Gebets und der Meditation. Man ist bei sich und lebt ganz im wohligen Augenblick – gesammelt und zentriert, wie das andere von ihren Sternstunden täglicher Meditationspraxis berichten. Das Bad kann zu einem „heiligen" Ort werden, der uns wieder „ganz" macht, in dem man sich bewusst ein Herausgehobensein aus dem Alltagstrott gönnt. Und wenn es nur ein Ort ist, an dem man für eine Weile alles um sich herum vergisst – das ist doch immerhin etwas.

Katzen

Wer von einer Katze adoptiert wurde, weiß, dass es keine Verstimmung gibt, die so gravierend ist, als dass sie nicht durch ihr Schnurren gelindert werden könnte. Und vor allem eines: Katzen sind höchst versöhnlich. Unsere Unzulänglichkeiten und Schwächen kümmern sie nicht groß, solange wir Spaß an ihnen haben. Sie warten geduldig, bis wir nach Hause kommen und sind einfach da, wenn es uns schlecht geht. Sie lecken sogar die Tränen, die sonst niemand sehen darf. „Ohne meine Katze hätte ich nie erfahren, was bedingungslose Liebe ist", meinte eine alte, passionierte Katzenfreundin, „ohne sie wäre ich längst nicht mehr am Leben."

Haustiere

Im Umgang mit dem eigenen Haustier kann man seine Gefühle kennen und nutzen lernen. Natürlich wird man als stolzer Besitzer eines Haustieres gekratzt, gezwickt oder gebissen. Doch das nimmt man gern in Kauf, weil Krallen auch ganz zart den Mut aufkratzen können, und weil man mehr als reichlich entschädigt wird mit einem Tierchen namens „Trost". Man bekommt Seelenwärme geschenkt, wenn man mit seinem Hund die Probleme des Tages besprechen kann. Wenn man die Sorgen und Kümmernisse des Tages seinem bildschönen Golden Retriever anvertraut. Oder für die Fische im Aquarium sorgt und mit dem munteren Hamster spielt.

Mit Haustieren kann man spielen, streicheln, schmeicheln, knuddeln, balgen, herumalbern, sie liebkosen und verwöhnen. Sie geben es tausendfach zurück, oft mehr als man es sich von Menschen erträumen kann.

Gartenarbeit

Im Talmud heißt es: „Jeder Grashalm hat seinen Engel, der sich über ihn beugt und flüstert „Wachse, wachse". Könnte man diese Vorstellung nicht auch auf uns übertragen? Am eindrücklichsten kann man im Garten lernen, was es heißt, zu wachsen. Im Garten sieht man, dass Wachstum und Reife ihre Zeit haben und ihre Zeit brauchen. Der Garten ist ein geduldiger Mentor, der uns immer wieder daran erinnert, dass wir säen, jäten, bewässern und warten müssen. Horchen Sie auf das Flüstern des Gartens und lernen Sie seine Lektionen: Säen, warten und staunen Sie über das, was passiert. Das Warten lohnt sich. Manche Früchte brauchen Jahre, bis sie geerntet werden können. Lernen Sie Ausdauer und Geduld. Wer einen Garten hat, hat eine Zukunft. Und wer eine Zukunft hat, ist lebendig.

Unkraut jäten

Was uns in unserem Umfeld umgibt, beeinflusst auch unsere innere Verfassung. Wenn Sie sich „unaufgeräumt", übel gelaunt fühlen, gehen Sie in den Garten und jäten Sie das Unkraut. Sie werden sehen, dass es viel leichter geht als Sie dachten und sogar Spaß machen kann. Hinterher fühlt man sich richtig gut, weil man sich überwunden und etwas Befriedigendes, Notwendiges getan hat. Der Anblick des aufgeräumten Gartens wirkt auch auf uns selbst zurück. Wir fühlen uns selbst aufgeräumt und sind dadurch auch für die anderen wieder erträglicher. Wie hieß es doch so schön im alten Ägypten: „Wie innen so außen – wie außen so innen."

Barfuß gehen

Es gibt eine alte Regel, derzufolge man über all die Monate, die kein „r" im Namen haben, barfuß gehen sollte. Wann haben Sie zum letzten Mal barfuß den weichen Wiesenboden gefühlt? Der ganze Körper erwacht, wenn wir mit unseren

Füßen den Boden plötzlich viel intensiver wahrnehmen. Warum sollten wir so viel wie möglich barfuß gehen? Weil unsere Füße wie Antennen sind. Das Laufen auf den bloßen Fußsohlen schärft unsere Sinne, steigert das Bewusstsein und bringt uns näher in Kontakt mit der Erde. Dabei kann man sich vorstellen, ein Baum zu sein, der mit seinen Wurzeln tief in die Erde reicht, sich in seinem Stamm gerade aufrichtet und mit seinen Ästen und Zweigen in den Himmel ragt. Dieses Ritual hat seinen Ursprung in der indianischen Kultur, die ihre Mitglieder ermutigt, sich der Erde immer dann zuzuwenden, wenn es im Leben eine Krise oder Leiden gibt. Was bewirkt dieses Erdritual? Durch die direkt empfundene unmittelbare Berührung mit dem Element, das uns trägt, gewinnen wir wieder einen „Standpunkt", Kraft und Stärke, mitunter sogar Heiterkeit.

Farben trösten

Sicher haben Sie schon erfahren, wie gut es der Seele tut, wenn man nach einem trostlosen Tag in das tiefe Blau des Himmels, des Meeres oder eines Sees blickt. Genauso wohltuend wirkt auch der Blick ins Grüne einer Wiese oder eines Waldes. Schon im Mittelalter sah die Äbtissin Hildegard von Bingen in der Grünkraft, der *viriditas*, die schöpferische Kraft, die den Augen Ruhe gibt und sich wie Balsam auf die Seele legt. Blau und Grün sind die Farben des Trostes, mit denen Sie Ihre aufgewühlte Seele beruhigen können.

Trostpflaster der Küche

WIR SIND VON NATUR AUS DARAUF EINGERICHTET zu genießen, unser Körper will es so. Jeder Genuss wirkt auf beides: auf Körper und Seele. Unsere Seele freut sich, wenn wir etwas von ganzem Herzen genießen, denn Genuss hält Leib und Seele zusammen.

Können kulinarische Freuden auch trösten? Gewiss können sie das. Vor allem wenn man genervt ist und sich aufregt über Dinge, die sich ohnehin nicht ändern lassen. Kluge Leute wissen, dass es besser ist heute zu genießen als irgendwann später. Verschieben Sie getrost Ihre großen und kleinen Probleme des Alltags auf einen anderen, passenden Moment und genießen Sie heute.

Im Grunde ist Sinnesfreude der ursprünglichste und einfachste Trost. Schon Babies vergessen schnell ihre Tränen, wenn sie hingebungsvoll an der Mutterbrust nuckeln dürfen. Und für erstaunlich viele Erwachsene stellt der Kühlschrank das Notfallaggregat für seelische Ausnahmezustände dar. Trostnahrung: pieksüß, cremig, bunt, außergewöhnlich, exotisch. Anders als die Nahrung, die den Hunger stillt. Und auch anders als im Drei-Sterne-Restaurant. Trostnahrung führt zurück in die Kindheit, zur Schokolade, die die Tränen stillte, zu den Wienerle, die wieder heiter stimmten, zu den Bergen von Spaghetti, die den Glückszustand herstellten. Unlöschbar sind diese Geschmacksspuren in unserem Lustgedächtnis eingraviert, genauso unverkennbar wie die fettigen Fingerabdrücke, die unsere Kinderhände nach dem Genuss hinterließen. Mit anderen Worten: Pasta und Schokolade sind die Tröster, nach denen unser Gaumen verlangt, wenn wir untröstlich sind.

Was ist aber mit den Exzessen, die von den Skeptikern beargwöhnt werden? In der Tat kann man sich auf der Suche nach Trost in die Irre leiten. Man legt sich die Dinge irgendwie zurecht und beruhigt sein Gewissen damit, dass man sich regelmäßig ein paar Drinks durch seinen Kummer verdient hat. Man verhindert das Hereinbrechen unliebsamer Gedanken durch eine Spaghetti-Orgie oder lässt die persönliche Katastrophe zum bloßen Ärgernis mutieren, indem man sich dem Trunk ergibt und sein Glück bei den großen, alten Weinen sucht. Von solchen Tröstungsversuchen sollte man absehen. Sie bringen auf die Dauer mehr Schaden als Nutzen.

Genuss als Trost. Dazu will ich gern anregen. Wer genießen kann, ist auch bereit, den Genuss mit anderen zu teilen. Kein Zufall, dass im Wort Genuss ja auch das Wort „Genosse" steckt. Vielleicht ist das sogar die höchste Form von Genuss: Sinn für das Glück der Gemeinsamkeit.

Selbst die leckerste Mahlzeit kann nicht trösten, wenn sie nicht mit dem Emotionalen eine harmonische Einheit bildet. Wie schmeckt ein Gänsebraten, wenn man allein am Tisch sitzt? Es ist nicht gut, dass der Mensch allein isst, ließe sich der bekannte Bibelvers paraphrasieren. Die Trostpflaster der Küche lassen sich darum am besten zu zweit oder in der Gruppe genießen.

Wählen Sie, was Ihnen gut tut. Genießen Sie bewusst. Bewusst empfundene Lust ist eine der angenehmsten Trostquellen, weil sie uns mit allen Sinnen ins Jetzt holt. Wir dürfen in die Gegenwart eintauchen und eine Zeit lang alles vergessen, was uns belastet. Finden Sie heraus, was Sie am intensivsten genießen können und nutzen Sie dieses Wissen um ihre ganz persönlichen Trostspender.

Genießen

Genuss ist der einfachste, unkomplizierteste Trost der Welt. Es kann genüsslich sein, einen Apfel frisch vom Baum pflücken und sofort zu essen. Oder wie wäre es mit einer Scheibe Brot, mit bestem Olivenöl beträufelt? Oder einem ehrlichen Rotwein zum Bauernkäse?

Für das Überleben ist der Genuss nicht notwendig, aber ohne ihn wäre alles eintönig und öde. Die Kunst des Genießens ist es, die uns für den grauen Alltag entschädigt.

Am Küchentisch

Warum sollte man einem Freund, von dem man weiß, dass er unglücklich ist, nicht auf die Sprünge helfen? Eine der schönsten Trosterfindungen ist der Küchentisch und zwar ein großer, runder Tisch, an dem möglichst viele Freunde Platz finden. Gibt es etwas Schöneres, als mit Freunden einen ganzen Abend an einem großen Tisch zu sitzen, mit ein bisschen Brot und Aufschnitt, einem guten Tropfen, gemütlicher Beleuchtung und tiefsinnigen Gesprächen? Wenn man dann noch daran denkt, einen Freund einzuladen, der es gerade besonders nötig hat, dann kann man erleben, warum es heißt: „Geteiltes Leid, geteilte Freud'".

Winterblues

Wenn Sie in einer Gegend leben, in der es noch schneit, gibt es ein köstliches Dessert, das Ihren Gästen im Winter ein Stück Sommer auf den Teller zaubert. Hier das Rezept für „Schnee-Eiscreme", das aus dem 19. Jahrhundert stammt:

- 1 Becher Schlagsahne
- 3 Esslöffel Zucker
- 2 Teelöffel Zitronensaft (oder Rosenwasser)
- 8 Tassen frischer, sauberer Schnee

Schlagen Sie die Sahne und heben Sie den Zucker und den Zitronensaft darunter. Fügen Sie den Schnee mit einem Schneebesen hinzu, so dass sich eine steife Masse bildet. Unbedingt sofort servieren, sonst fällt der eisige Traum in sich zusammen. Ergibt acht Portionen.

Schwung am Nachmittag

Im Nachmittagsblues? Sorgen Sie dafür, dass Sie ein Fläschchen Pfefferminzessenz griffbereit haben und verreiben Sie ein paar Tropfen auf den Schläfen. Ein winziger Tropfen unter der Nase hilft im Nu zu neuem Schwung am Nachmittag.

Trostbrot

Nimmt man sie mit Muße, Achtsamkeit und Dankbarkeit, dann lässt sich mit einem guten Wein und frischen Brot mit Knoblauch und Olivenöl eine Zufriedenheit erreichen, die dem Glück ziemlich nahe kommt. Nicht ohne Grund existiert schon im Alten Testament der Brauch, die Betrübten durch ein „Trostbrot" zu erquicken. Es würde sich lohnen, diesen Brauch wieder zu beleben, allerdings – das ist meine Empfehlung – nach dem Gesetz der Manufaktur: Es wird mit der Hand angerührt und selbst gebacken.

Fürsorge

Die Möglichkeit, sich und andere durch das Aussuchen feiner Zutaten, Einkaufen und Kochen zu trösten und günstig zu stimmen, hilft über schwierige Zeiten hinweg. Es mag banal klingen, aber inzwischen denkt auch die medizinische Forschung ernsthaft über die Wirkung einfacher, fürsorglicher Tätigkeiten nach. Jedenfalls tut es nicht nur den anderen, sondern auch einem selbst gut, wenn man für sich und andere sorgt. Etwas Nützliches zu tun, von dem auch andere profitieren, bannt die Lebensängste und stimmt uns friedlich und versöhnlich.

Gemeinsam am Tisch

Wenn Sie Wert darauf legen, sich als Familie zu fühlen, sollten Sie wenigstens einmal am Tag eine Mahlzeit gemeinsam verbringen, ohne Fernsehen, Radio, Telefon, Zeitungen – einfach von Angesicht zu Angesicht. Die schönsten Konversationen, an die ich mich erinnere, fingen oft so an: „Wisst ihr noch, als …" Zum Beispiel: „Wisst ihr noch, als ich damals nachtwandelte?" „Wisst ihr noch, als wir an Weihnachten auf dem Tisch Ziehharmonika spielten?" Diese Gespräche sorgen für viel Gelächter und bleiben ein Leben lang im Gedächtnis.

Wenn schon, dann richtig

Das Schöne am Älterwerden ist, dass man so manchen Quatsch nicht mehr mitmachen muss. Ist es nicht herrlich, keine Wespentaille mehr vorweisen zu müssen, nicht mehr bauchfrei gehen zu müssen, sich nicht mehr piercen, peinigen oder tätowieren zu lassen? Irgendwo las ich den Satz: „Ist die Taille erst ruiniert, lebt sich's weiter ungeniert." Wenn Sie in eine dieser untröstlichen Stimmungen geraten, zögern Sie nicht. Machen Sie es sich in Ihrem Sessel gemütlich und angeln Sie sich ein paar dieser göttlichen Mozartkugeln. Genießen Sie jede Kalorie. Das ist ein Prinzip, mit dem man ganz gut durch das Leben kommt.

Stimmungsaufheller

Besonders im Spätherbst, wenn die Tage grau und schwer werden, probieren Sie einmal dieses Spray, das Ihre Laune sofort verbessert. Ein Raumspray, das Sie ganz einfach selbst herstellen können. Es riecht apart und romantisch und soll nebenbei auch antidepressive Wirkungen entfalten.

Vermischen Sie vier Tropfen Rosenöl, zwei Tropfen Bergamottöl, zwei Tropfen Lavendelöl und eine Tasse Wasser. Geben Sie den Inhalt in einen Spraybehälter und schütteln Sie ihn kräftig durch. Sprühen Sie anschließend den Raum und genießen Sie das inspirierende Aroma.

Salzsegen

Wenn ein Umzug in eine neue Wohnung angesagt ist, schenken Sie oder lassen Sie sich vom Nachbarn Salz schenken. Das ist ein schönes Ritual, das nicht nur einem selbst, sondern auch dem Haussegen gut tut. Und der ist ja bekanntlich eine unsichere Sache. Schon seit Urzeiten gilt Salz als eines der wichtigsten Heil- und Segensmittel.

Auch Meersalz sollte in keiner Hausapotheke fehlen. Ein abendliches Bad mit Meersalz ist immer noch das gesündeste Mittel gegen Einschlafstörungen, Stress, Gedankenchaos und Unruhe.

Aroma fürs Gemüt

Wählen Sie Ihr Lieblingsöl aus (Pfirsich, Rose, Orange, Zimt ...) und betupfen Sie damit die Glühbirnen Ihres Wohnraums. Der Raum erhält ein wunderbares Aroma, wenn die Wärme der Glühbirne das Öl langsam erhitzt. Nicht zuletzt hat diese Aromatherapie eine körperlich wohltuende Wirkung. Man wird entspannter, ruhiger, gelassener. Dies mag unbemerkt geschehen, doch empfindet man ein angenehmes Wohlgefühl.

Saure Abreibung

Was tun, wenn der Körper sich müde und schlapp anfühlt? Verpassen Sie ihm eine saure Abreibung, am besten morgens nach dem Duschen. Vermischen Sie 30 ml Obstessig mit 10 ml 95-prozentigem Alkohol und drei Tropfen Thymian- oder Lavendelöl (Aromaöl). Geben Sie die Mischung in eine Flasche und schütteln Sie sie gut durch. Eine kleine Portion in die Handflächen schütten und den Körper damit abreiben – an den Füßen beginnen und langsam hocharbeiten. Durch den Mix aus Essig und Aromaöl werden die Durchblutung und der Stoffwechsel gleichermaßen angekurbelt. Die Verdauung kommt in Schwung und man fühlt sich wieder straff und fit.

Trostpflaster der Kunst

MANCHMAL KOMMEN WIR IN SITUATIONEN, in denen unser Herz so weit wird, dass wir nicht mehr weiter machen wollen wie bisher. Wir haben den Mut zu einem Neuanfang, zu einer neuen Sicht oder Umkehr. Vielleicht kennen Sie diese Erfahrung: Man hat einen Nachmittag in einem Museum verbracht und ist danach wie aufgeladen oder ausgewechselt. Angesichts der Gemälde aus einer anderen Welt erfährt man plötzlich eine innere Distanz zu manchen Dingen, die einen im Alltag belasten und bedrücken. Warum ist es so befriedigend in ein Kunstwerk, ein Buch oder ein Musikstück einzutauchen? Warum ist das, was Menschen an Nützlichem und Produktivem tun, nicht schon alles? Das Entscheidende ist wohl, dass die Kunst etwas in uns zum Schwingen bringen kann, das im Alltag nicht so präsent ist. Vielleicht ist es die Sehnsucht nach einer anderen Welt jenseits des Alltäglichen, die uns staunend vor einer Arbeit in Bild oder Ton innehalten lässt. Aber womöglich wird auch in uns eine Seite angesprochen, die wir uns normalerweise nicht zu leben gestatten. Kunst kann etwas Neues in uns wecken!

Kunst kann in uns Freude, Trost und Hoffnung stimulieren, weil sie unsere Einbildungskraft anregt. Künstlerisches Erleben ist eine Parteinahme für eine Erlebnisdimension des ganz „anderen", des Nicht-Käuflichen, des Nicht-Greifbaren, dessen, was uns fehlt, wenn wir alles haben. Eine Lehrerin meinte: „Ich ertrage dieses Leben nur, weil ich angeknüpft bin an dieses ‚andere', das mich stark macht."

Wo Menschen untröstlich sind, beginnen sie sich nach dem „anderen" umzusehen. Nach dem, was andere Saiten in ihnen zum Klingen bringt. In der Begegnung mit Kunst kann man sich für eine Weile gleichsam von sich selbst und seinen Kümmernissen lösen. Diese Befreiung öffnet dem Bewusstsein neuartige Sichtweisen. Sie schafft Abstand vom Alltag und bietet die Chance für die Entdeckung neuer Lebensmöglichkeiten. Kunst macht den Weg frei für kleine Fluchten aus dem Alltag.

In diesem Sinn könnte man den von Beuys

formulierten Satz „Jeder ist ein Künstler" heute so deuten, dass wir Räume brauchen, in denen wir die Wirklichkeit so erleben, wie Künstler sie erleben. Es geht nicht vornehmlich um eigene Kunstproduktionen, sondern um den Mut zum Eigensinn, mit dem wir in persönlicher Weise auf Vorgefundenes reagieren. Das heißt, Menschen brauchen Spielräume, um eigene Erfahrungsmöglichkeiten aufleben zu lassen von einer Welt, die auch sein könnte.

Wir brauchen die Brücke der Kunst, die das Vertrauen an etwas Unzerstörbares in uns wachhält. In der Kunst wurzelt unsere Kraft der kreativen Wahrnehmung und der Überschreitung der manchmal harten Wirklichkeit. Der Raum der Kunst zeigt uns selbst, die Welt und unsere Beziehung zu ihr in der ständigen Möglichkeit des Andersseins.

Kunst kann viel bewirken, aber was bewirkt sie bei Ihnen? Welche Resonanz löst ein Bild, eine Skulptur, eine bestimmte Melodie oder ein Text bei Ihnen aus? Vielleicht mögen Sie einige der Anregungen ausprobieren, um Ihre Antwort zu finden.

Bach am Morgen

Für den Cellisten Pablo Casals waren es die Präludien und Fugen von Bach, die er jeden Morgen spielte. In ihnen fand er Trost und erlebte jeden Morgen wie ein kleines Wunder. Was können Sie morgens tun, um dieses Gefühl von Trost und Freude in Ihr Leben einzuladen? Ein bestimmtes Musikstück hören? Etwas Inspirierendes lesen? Ins Grüne gehen? Oder einfach einen Moment lang still sein?

Sich frei singen

Wären nicht unsere Wiesen und Wälder sehr still, wenn nur die begabtesten Vögel singen würden? Auch wenn Sie nicht zu den Begabten zählen, singen Sie sich frei – in der Badewanne, unter der Dusche, beim Geschirr spülen, im Auto oder im Wald. Die lustbetonte Leichtigkeit im Umgang mit Ihrer Stimme wirkt sich auf Ihre Stimmung und Ihr Körpergefühl aus. Singen ist der beste Helfer bei der Wiederaufrichtung der Liebe zu uns selbst. Wir werden nicht nur beweglicher, fühlen uns wohler in unserer Haut. Singen macht auch schöner, weil es den Organismus zu sich selbst bringt. Wussten Sie, dass sich auch in Ihrem klugen Kopf Fett ablagert? Singen baut es ab.

Die Zeit vergessen

Die Zeit vergessen. Nur spielend gelingt das. Musizieren ist eine der schönsten Möglichkeiten, der Zeit zu entgehen. Im Unterschied zum alltäglichen Ernst der Verpflichtungen, gibt man sich beim Musizieren dem Ernst des Spiels hin und vergisst dabei die Zeit. Nur spielend erleben wir diese Unbekümmertheit. Wir müssen uns nicht mehr anstrengen, Zeit zu gewinnen. Wir laden die Zeit zu uns ein und füllen sie mit Klängen. Das versöhnt mit der Zeit und dem Leben.

Rollenspiele

Warum sollte man es nur den Schauspielern überlassen, in verschiedene Rollen zu schlüpfen? Statt in der Ecke oder am Schreibtisch zu sitzen und zu grübeln, machen Sie es wie Walt Disney. Er schnappte sich immer dann, wenn er ein Problem oder eine Blockade hatte, drei Stühle und beschriftete sie mit den Worten „Träumer", „Realist" und „Kritiker". Dann setzte er sich nacheinander auf diese Stühle und versuchte sein Problem aus einer anderen Perspektive zu betrachten. Was der Kritiker dazu sagen würde, wie der Träumer darüber denkt, wie der Realist die Sache beurteilt. Natürlich muss man nicht unbedingt drei Stühle nehmen, man kann auch drei Zettel auf den Boden legen und sich darauf stellen. Wichtig ist nur, dass Sie aufstehen und die Perspektive wechseln, um einen neuen, frischen Blick auf die Dinge zu werfen.

Seelenbibliothek

Legen Sie sich für schwere Zeiten eine Seelenbibliothek zu. Ihr eigenes Archiv mit den Texten, die Sie persönlich ansprechen, berühren und etwas in Ihnen zum Schwingen bringen. Das kann eine Sammlung von Büchern in einem speziellen Fach sein, auch einzelne Texte, die Sie in einer Mappe oder einem Ringbuch aufbewahren. Oder Sie legen sich einen Karteikasten zu mit Gedichten, Aphorismen und Zitaten.

Wann immer Sie etwas geistige Nahrung brauchen, nehmen Sie sich ein paar Minuten, um in einem dieser Texte zu lesen. Eine Seite oder auch ein Abschnitt genügen, um Ihnen tröstliche Impulse aus der Welt der Weisheit und der Werte mit auf den Weg zu geben.

Lebensbücher

„Schreiben heißt: sich selber lesen", schrieb Max Frisch. In diesem Sinn könnte uns das Schreiben eines Lebensbuches ein Gespräch mit uns selbst eröffnen. Nehmen Sie ein Schreibheft oder Notizbuch und tragen Sie alles ein, was Ihnen wesentlich erscheint: Gedanken, Zitate, Gesprächsfetzen, Gelesenes, Vorkommnisse, Bemerkenswertes und Verrücktes. Im Unterschied zu unseren Tagebüchern, in denen vorwiegend festgehalten wird, was wir tatsächlich fühlen, geht es hier um die Dokumentation dessen, was uns im Leben weiterbrachte und weiterbringt.

Fühlen Sie sich frei, Ihre Form zu finden, indem Sie assoziative Texte schreiben oder Geschichten, Biographisches, Selbstgespräche, Gedichte. Der Freiheit sind keine Grenzen gesetzt, solange Sie sich auf all das einlassen, was sich Ausdruck verschaffen will und Ihr Herz erleichtert.

Schreib-Ritual

Suchen Sie sich jemanden aus, dem Sie Ihre Gefühle mitteilen möchten. Bringen Sie diese Gefühle nun in Briefform. Die Suche nach dem rechten Ausdruck, dem passenden Wort führt zu Einsichten, Verständnis und Klärungsprozessen. Bedürfnisse, Sehnsüchte und Wünsche erhalten eine Form. Sie sind benannt, gebannt, distanziert und in schöpferischen Ausdruck gebracht worden. Es ist der Zweck dieses Schreibrituals, dass man sich selbst gegenübertritt. Deswegen braucht es den Adressaten danach nicht mehr.

Solche unabgeschickten Briefe artikulieren nicht nur, was man äußern kann und darf, sie greifen aus, nach dem, wonach wir uns sehnen. Sie trauen sich mehr zu sagen, als wir es uns normalerweise gestatten. Das befreit!

Dankbarkeits-Tagebuch

Nicht nur die Fenster unserer Wohnung brauchen Pflege – auch unsere „Seelenfenster". Wir brauchen positive Aussichten. Eines der wirkungsvollsten Mittel dafür ist das Dankbarkeits-Tagebuch. Das Wohl unserer Seele ist vor allem davon abhängig, wie wir unsere persönliche Welt wahrnehmen. Wenn wir uns jeden Abend Zeit nehmen, all das zu notieren, wofür wir dankbar sein können, so verbessert sich unsere Lebensqualität wesentlich. Indem wir uns auf die Fülle statt auf den Mangel in unserem Leben konzentrieren, schaffen wir eine neue Aussicht für unsere Zukunft. Ein französisches Sprichwort sagt: „Dankbarkeit ist das Gedächtnis des Herzens". Sich der Dankbarkeit bewusst zu werden, ist ein sicheres Mittel, das Leid hinter sich zu lassen.

Tagebuch der trostlosen Stunden

Mit der Bereitschaft, sich auf ein „Tagebuch der trostlosen Stunden" einzulassen, bringe ich mich selbst zum Nachdenken. Dieses Ritual ist besonders hilfreich, wenn kein Gegenüber da ist, das einem Resonanz und Korrektur gibt.

Ein solches Tagebuch ist mehr als nur eine sachliche Wiedergabe oder Aufzählung dessen, was man erlebt oder getan hat. Es ist ein Zeugnis mit „Tiefgang", in dem wir unseren Gefühlen und Empfindungen nachspüren, die unsere Erfahrungen begleiten. Es kommt nicht darauf an, dass alle Begebenheiten chronologisch genau aufgezeichnet werden, sondern es geht um das, was zwischen oder hinter unseren Zeilen zu lesen ist. Also um das, was beispielsweise hinter einer Enttäuschung, einer Traurigkeit steckt. Es ist erstaunlich, was bei dieser Art des Schreibens an zusätzlichen Einsichten über einen selbst zutage tritt.

Lesen

Vielleicht erinnert sich mancher mit dem Buch im Bett an die Zeiten, als die Mutter Märchen vorlas. Die Geschichte des Lesens ist eine Geschichte der Hoffnung und der Zuversicht – so wie die Liebe. Lesend begeben wir uns von der persönlichen Realität in die Realität der Erfahrung, die eine andere Person für uns vorgestellt und geschaffen hat. Eine Welt, die anders, möglicherweise realer, schöner oder wahrer ist, als die, in der man sich selbst befindet.

Bücher entfernen uns nicht aus der Realität, sie verankern uns in ihr. Es entsteht eine Art Rückkoppelung, weil man das, was man liest, stets mit den eigenen Erfahrungen vergleicht. So erscheint all das, was man selbst erlebt, erfahren, gesehen und gefühlt hat, nun klarer. Aus sicherem Abstand entdeckt man womöglich Wahrheiten über sich selbst, die man zuvor nicht gekannt hat. Nicht selten kann man auch feststellen, dass man es mit dem eigenen Leben doch ganz gut getroffen hat und zieht seine Schlüsse daraus.

Malen

Wenn wir den Mut hätten, in aller Stille einfach zu malen, ohne jede Theorie, aber in voller Sammlung, wären wir um wesentliche Trosterfahrungen reicher. Zwar gibt es schwere und belastende Gefühle, die uns an der Hingabe hindern. Aber man kann sie überwinden, indem man den einfachen Entschluss fasst, Papier und Stifte in die Hand zu nehmen und sich von dem führen zu lassen, was sich von innen heraus einen Weg nach außen bahnen will. Nicht das Produkt ist entscheidend. Worauf es ankommt, ist die Botschaft, die man über sich selbst an sich selbst gibt. Und die Erlaubnis, die Welt mit anderen Augen zu sehen. Etwas fasslich werden zu lassen, nach außen zu bringen, damit es sich nicht gegen einen selbst richtet.

Trostgedanken

Es bedarf keines Aufwands, eine Postkarte oder einen Papierbogen zu nehmen, darauf zu schreiben, was einem gerade für den anderen durch den Kopf geht – eine Passage aus einem Roman, einen Aphorismus, ein passendes Zitat oder einen Trostgedanken – und das Geschriebene an einen Freund oder Bekannten zu schicken. Er wird sich seinen Reim darauf machen, womöglich etwas ganz anderes dabei denken, als man beabsichtigte. Aber das ist zweitrangig, denn sein Kopf und Herz werden es schon zu deuten wissen, wie er es gerade braucht.

Erinnerungsschachtel

Legen Sie sich eine Schachtel mit Ihren Lieblings-Erinnerungen zu, die Sie immer dann öffnen, wenn Ihnen das Süße im Leben abhanden gekommen ist. Legen Sie in diese Schachtel all die Gegenstände hinein, die gute Erinnerungen wachrufen – getrocknete Blumen vom ersten Rendez-vous, ein besonderes Foto, die ersten Ohrringe, eine verrückte Postkarte, einen Liebesbrief, eine Serviette eines denkwürdigen Restaurants und vieles mehr. Wenn Sie die Schachtel immer wieder einmal öffnen, kommen Erinnerungen zurück, die Sie unmittelbar beglücken werden. Das Leben schmeckt wieder süßer!

Lieder trösten

Die Lieder, die wir in jungen Jahren lernten, vergessen wir nie. Unsere Augen passen sich der veränderten Welt an, aber unsere Ohren vergessen nicht. Unsere Lieder gehören immer zu uns. Sie behalten ihren Glanz, sind zeitlos und stets verfügbar. Ein paar bekannte Liedtakte aus dem Radio und schon verjüngt sich unsere Seele. Und an grauen Tagen fragen wir unseren Partner oder einen Freund: „Erinnerst du dich an die Beatles, Simon and Garfunkel, Frank Sinatra, Udo Jürgens?" Er wird einen Moment aufhorchen, dann anfangen zu summen oder zu brummen, bis eine erkennbare Melodie entsteht.

Singen Sie einfach mit und genießen Sie die Gemeinschaft, die durch ihr gemeinsames Lied entsteht. Lieder trösten!

Den stillen Ort in sich entdecken

Das Vorgehen ist einfach: Man nimmt ein weißes Blatt und Wasserfarben (oder Wachsmalkreiden) und zieht mit dem Pinsel konzentrische Kreise in einer ausgewählten Farbe. Wenn man das Gefühl hat, es sei genug, dann wird es Zeit, eine andere Farbe auszusuchen. Mit dieser wird nun das Zentrum der Kreise ganz behutsam ausgefüllt. Eventuell werden noch Konturen oder Kontraste im Umfeld der anderen Farbe gesetzt. Es gibt eine Erscheinung in der Natur, von der man sich hier inspirieren lassen kann: Im Zentrum von Wirbelstürmen befindet sich eine Zone fast völliger Ruhe, das sogenannte „Auge". So gilt es bei diesem Ritual, das eigene innere „Auge" zu entdecken. Wenn man niemanden findet, mit dem man sein Bild anschließend besprechen kann, so gibt es eine schöne Möglichkeit mit sich selbst in einen Dialog einzutreten:

Man betrachtet sein Werk und schreibt ein Gedicht, ein Haiku oder einen Text dazu. Diese Übertragung ins Schreiben ist eine wertvolle Vertiefung, um mehr zu erfahren, als man nur durch das Bild allein über sich wissen kann.

Irmtraud Tarr – Leichter Leben

Sehen und gesehen werden
Wie man Beachtung und Anerkennung findet
Band 5578
„Irmtraud Tarr hat eine feine Antenne für das Sein hinter dem Schein." (BZ)

Besser als Schokolade
Positive Energien finden und neue Kräfte tanken
Band 5654
Kleine Tricks, mit denen es gelingt, dem Leben seine positive Seite abzulisten – und zwar ganz ohne Schokolade.

Loslassen – die Kunst, die vieles leichter macht
Band 5921
Dieses Buch versammelt Anregungen, Hinweise und manch überraschende Einsicht in die hohe Kunst, sich das Leben zu erleichtern.

So zähmen Sie ein Stachelschwein
Vom Umgang mit schwierigen Menschen
192 Seiten, geb. mit Schutzumschlag.
ISBN 978-3-451-28683-4
Warum machen manche Menschen einem das Leben nur so schwer? Da gibt es die, die alles kontrollieren wollen, die permanenten Jammerer oder gar die Supernetten, denen man eigentlich gar nicht böse sein kann.

Trösten – die Kunst, der Seele gut zu tun
192 Seiten, geb. mit Schutzumschlag.
ISBN 978-3-451-29098-5
Trösten ist nicht immer leicht. Nicht nur Worte sind wichtig, auch Berührungen helfen und heilen.

HERDER

Sternstunden für die Seele

Anselm Grün
Lass die Sorgen – sei im Einklang
Einfach leben – Band 7055

„Auch eine schwere Tür hat nur einen kleinen Schlüssel nötig." Anselm Grüns Worte sind wie Schlüssel, die etwas in unserer Seele aufschließen. Sie eröffnen einen Raum der Freiheit für mich und andere.

Tania Konnerth
Kleine Wunder warten überall
Lebensfreude für den Alltag – Band 7054

Mal tiefgründig, mal strahlend. Der kleine Begleiter für bewegte Zeiten.

Tania Konnerth
Kleine Oasen der Ruhe genießen
Atempausen für den Alltag – Band 7063

Sie sind unverzichtbar, die kleinen Ruheinseln, auf denen es keine Uhr gibt und keinen Terminkalender.

Irma Zaleski
Im Herzen die Wahrheit
Weisheitsgeschichten der Mutter Makrina – Band 7064

Diese anekdotischen Weisheitsgeschichten zeigen uns den Weg zu einem spirituellen Leben im heutigen Alltag.

Kleines Buch der Freundschaft
Hg. von Anton Lichtenauer – Band 7066

Wir alle brauchen Freunde, um gemeinsam die schönen Seiten des Lebens zu erleben, aber auch die schwierigen Situationen zu meistern.

HERDER spektrum